大是文化

股市蟻神的
機智投資生活

價值選股、看懂消息、籌碼和盤勢、算買賣價，
從入門滾出 2 億身家的操作技術

散戶實戰技巧

나의 첫 투자 수업 2 투자편

韓國人尊稱「超級螞蟻」的神級散戶
金政煥 ──著

11 歲就開始學投資的超級螞蟻之女
金利晏 ──著

林倫仔──譯

CONTENTS

推薦序一　從韭菜變股市蟻神，他只靠散戶實戰技巧／楊忠憲　005

推薦序二　80% 的散戶都在虧錢，蟻神教你練好基礎功／艾致富　009

前　　言　人人都能學會的散戶實戰技巧　013

第一章　撿到便宜還是買貴了？蟻神這樣判斷

1. 財報密密麻麻，我只留意 3 個數字　016

2. 5 大指標，判斷這股票現在是便宜還是貴　046

3. 蟻神的合理股價計算公式　059

4. 昂貴價、合理價、便宜價，怎麼算？　069

5. 估值先看產業，每個產業的本益比都不同　087

第二章　股海訊息這麼多，哪些才是真利多？

1. 選股，我先想 6 件事　092

2. 績優股 3 要點：安全邊際、持續成長，還要有故事　101

3. 聽市場預期會漲到多少，你就等著被割韭菜　110

4. 新手，先研究一、兩支股票就好　114

5. 想搭政策順風車，小心被甩下車　121

6. 普通股 vs. 特別股，哪個賺比較多？ 127

7. 對抗通膨的最好方式，定期配息股 132

8. 庫藏股不只抗跌，還能買人心 149

9. 無償配股、現金增資，這是利多還是利空？ 154

10. 企業分割，多半是利多 159

11. 連續 3 年都虧損的公司，早點脫手 163

第三章　買進靠技術，賣出是藝術

1. 再好的股票，不到合理價，不買 174

2. 買股不貪多，前提是找到 10 倍股 197

3. 持有 1 到 3 檔就好，成功率最高 207

4. 沒有業績支撐，話題再強也別加碼 211

5. 最好的買賣時機，都藏在 K 線裡 220

6. 最不會騙人的數字，交易量 237

7. 回檔是必然過程，散戶請耐心觀望 241

8. 財務自由的第一步，慢想 250

後記　蟻神基礎功，是行走股市的輕功 263

推薦序一
從韭菜變股市蟻神，
他只靠散戶實戰技巧

K 線捕手／楊忠憲

我已經很久沒有閱讀關於基本面的書籍，但這次收到《股市蟻神的機智投資生活（散戶實戰技巧）》這本書，一翻開就忍不住一直看下去。

作者金政煥完全打破一般產業分析和基本分析書籍的缺點，非常適合沒有財經會計背景的讀者或是投資新手，因為這類書籍往往艱澀難懂，甚至讓人昏昏欲睡。

本書以深入淺出的方式，講述基本分析最重要的 3 個財務報表，也就是資產負債表、損益表、現金流量表，以及如何拆解一家公司，並且從中找出優質潛力股。

除了一般最常會用到的財務指標以外，例如：每股盈餘（EPS）、股東權益報酬率（ROE）、本益比（PER）、股價淨值比（PBR）、每股淨值等，作者還以豐富的生活案例，結合適用不同產業的股價計算方式，教你按照步驟，就能找到有潛力的成長股。

本書與一般價值型投資書籍最大的不同就在於，作者金政煥非常具體的論述了滾動修正的方法，而非一成不變的套用傳統的

基本面框架。另外，書中還提到一個非常重要的觀念：「價值投資不等於緊抱不放。」很多人認為長線投資或者是價值型投資，就是買進之後就不再管。

對此，作者的觀點可說是妙趣橫生。他說，這就像是「把股票放到發霉」——不少投資人都是毫無計畫且盲目的抱著股票，整天幻想著有一天股票會幫自己賺大錢。

但是，作者說投資絕對不是這樣，必須根據股價高低，一邊交互買賣投資組合裡的股票，一邊調整資金比重，價值投資絕對不等於盲目的等待，那只會變成幻想以及空談。

而且，買賣股票不能只看心情，更不能僅憑「感覺」，而是要理性且機械式的進行操作。書中也列舉了不少案例，可作為調節持股比重的參考。

最重要的，這本其實是作者寫給獨生女兒的股票書，當中加入了大量父女之間的問答，以及很多有趣的小故事和案例。

例如，股神華倫・巴菲特（Warren Buffett）在 2019 年投資美國食品巨擘卡夫亨氏公司（The Kraft Heinz Company）失利，之後又在 2020 年認賠賣出航空股、拋售部分金融股，就連世界上最成功的投資者也有看走眼的時候。

雖然本書主要以基本面為出發點，但在最後一章〈買進靠技術，賣出是藝術〉，除了作者獨門的投資心法和策略之外，也介紹了技術分析、趨勢分析、K 線圖、價量關係等進階版內容；以及在熊市（按：又稱空頭市場，代表價格走低）或牛市（按：又稱多頭市場，代表股市上漲）中，身為投資人分別應該具有什麼樣的心態和準備；必須對市場要保持敏銳度，才能跟上世界的快

速變化。

　　不論你是初學者，還是投資老手，相信《股市蟻神的機智投資生活（散戶實戰技巧）》這本書，都能帶給你嶄新的觀點，和拓展你對投資的視野。

推薦序二
80% 的散戶都在虧錢，
蟻神教你練好基礎功

倍數飆股達人／艾致富

　　股票投資有多種學派，雖說各門派都各有擁護者，但實則並沒有所謂最好的投資方式，端看個人如何依投資頻率、個性，找出一套相對適合自己的模式。

　　也就是說，其他人的方式不一定適合自己，唯有不斷去嘗試、改進，找到自己能穩定賺錢的模式，然後紀律化的操作，才是最棒的投資方式。

　　不過，一本具有參考價值的投資股票書，我認為一定要談及世界級投資大師們所倡導的觀念與心法，畢竟這些都是千錘百鍊的菁華，在經歷多次股市多空之下，依舊能創造出相當不錯的獲利績效。

　　這就如同武學中的內功，內功要扎實，才來講究武功招式，然而多數投資人為求速成，往往只求投資方法，或是只著眼於短期獲利，卻忽略觀念與心法的重要性，這也是為何 80% 以上的散戶都在虧錢。

　　《股市蟻神的機智投資生活（散戶實戰技巧）》這本書，主要以財報分析為主，新聞消息、技術面為輔，每篇都會搭配投資

大師的觀念，並以**安全、穩健為前提，教你尋找具有大波段、高成長的個股**。

尤其是，全球多數國家股市面臨高檔、漲多，「股價週 K線仍處在長線上的低基期位置」、「產業未來前景持續看好」、「財報逐步轉佳」的選股策略已成為主流，但這同時也代表風險會大增，因此能否**找到股價仍在低檔、產業具未來性、公司獲利逐步轉好**，甚至開始出現穩定或高速成長，正是獲利關鍵──而如此兼顧風險與成長的選股策略，就是作者金政煥從入門小白滾出 2 億身家的操作技術。

雖說在學習上，比起使用單一分析方式，作者的方法較為困難，卻能幫助投資人打好專業功夫。

此外，本書也透過條列式重點，讓讀者能夠更快速掌握財務分析。尤其，作者還依成長股、地雷股，教讀者如何看出其中端倪，而非僅僅只是教科書式的照本宣科。

無論是再好的股票書，最終還是要回歸到實際操作以及讀者們能否靈活的運用，而最快、最容易的方式，就是**以步驟教學，一步一步的教讀者如何去執行，並搭配實務案例、常見問題的解決對策**。

我認為，這本書除了有非常實用的投資觀念與模式之外，在內容編排上也別出心裁，不僅有豐富的圖表，還增加了台股相關資訊。

對於股票初學者雖稍具難度，但我建議各位讀者一定要多閱讀幾次，因為這對新手大幅增進投資功力是很有幫助的，第一次買股票可以很快就上手；對於已具備一定專業與經驗的讀者們，

更是可以拿來修正、省思或補強自己的操作模式與觀念，非常適合推薦給各種程度的投資人！

前言
人人都能學會的散戶實戰技巧

　　我的第一本書是《股市蟻神的機智投資生活（第一次買股票就順手）》，讀完第一本之後，各位的感想如何？每個人的想法不盡相同，但如果你正在翻閱這本《股市蟻神的機智投資生活（散戶實戰技巧）》，那就代表你已經做好上場的準備。第二本，我會以個人的實戰經驗，引導你踏上股票投資的成功之路。

　　從散戶必學的實戰技巧，像是如何挑選好公司、規畫投資組合、計算估值、分析 K 線圖，到了解主流股、概念股、供需和交易量等基本概念，我都會詳細逐一介紹。

　　當然，這些並不是成功祕訣，更不是解決方法，它只能引導你達成獲利的夢想。想要獲取高報酬，最終還是得靠自己的努力。因此，我希望，即使偶爾出現艱澀難懂的內容，大家也不要在中途放棄，務必慢慢讀至融會貫通。

　　買賣股票就好比人生，任誰都不知道下一秒會發生什麼事，就連專家預測天氣預報也會失準。但只要我們盡可能的發揮智慧和知識，極有可能提早實現財務自由。為所有螞蟻加油！

撿到便宜還是買貴了？
蟻神這樣判斷

1 財報密密麻麻，我只留意 3 個數字

在 KOSPI[1] 和 KOSDAQ[2] 上市的公司超過 2,000 家，在這麼多公司之中，我們要如何挑選出好的公司（按：根據臺灣金融監督管理委員會證券期貨局全球資訊網統整，2021 年上市公司有 954 家，上櫃有 790 家）？

好公司會不斷提出容易選擇的投資決策，而壞公司只會讓決策變得極其困難。

——華倫・巴菲特

要了解一間企業的體質，我們可以先從數字下手。雖然企業的品牌、形象、歷史以及創辦人和員工的能力也很重要，但這些都是很主觀的；反之，數字不會說謊，它能幫助我們掌握一間公司的經營狀況。不過，我們依然不能單憑數字去判斷，通常還要

1 Korea Composite Stock Price Index，韓國綜合股價指數。
2 Korea Securities Dealers Automated Quotation，創業板市場科斯達克，是韓國科技股市場。

考量該企業的未來成長性。那麼，要怎麼看？

　　首先，我們要知道資產負債表（B/S）。資產負債表是財務報表的一種，可反映出一家企業在某個特定時間點當下的整體財務狀況。

　　如下頁圖表 1-1 所示，資產負債表的左邊是借方（資產），右邊是貸方（負債、股東權益）；透過這份報表，能讓我們了解企業進行營業活動時所需要的資金來源，以及籌措、投資了多少金額。

　　看到這裡，已經覺得頭疼了嗎？請各位務必繼續閱讀下去。

　　資產負債表主要用來評估一間企業的流動性、財務彈性、企業收益性和風險。

　　依法規定，公司結算財務一定要編製資產負債表，如果說損益表是評估企業各營運目標的達成度（請參考第 22 頁），那麼資產負債表就是掌握企業經營現狀的最佳工具（按：財務三表可上「公開資訊觀測站」查詢）。

　　要掌握一家公司的財務狀況，要先概略了解一家公司的資產（Asset）、負債（Debt）以及股東權益，這三者的比重。例如，流動比率（流動資產／流動負債）最好超過 200% 以上，越高越好，代表短期在還債上越沒有壓力。

　　但我們也不能單看資產負債表，就斷定該公司「因為負債多，所以很危險」。舉例來說，在評估銀行業與證券業時，應該最先看的是債券。製造業的話，則須檢視存貨、現金與現金性資產（按：幾乎和現金相似、可變現的資產），以及有形資產的占比，並藉此確認該企業的生產經營狀況；但如果是製藥公司這類

著重研發的產業，則須注意無形資產的項目（按：專利、智慧財
產權等），因為比起短期性的營收數字，投資無形資產所帶來的
對外授權 [3]（license out）及新藥上市，反倒更具評估指標性。

　　另外，以一年為基準，資產還分流動、非流動，可用來判斷
一家企業資產的變現性。流動資產（Current Assets）是指企業
可在一年內變現或運用的資產，或者預計在一個正常營業週期內
變現、出售或耗用的資產（按：例如短期投資、應收帳款、存貨
等）；非流動資產（Non-current Assets）則是指建物、機械設
備等難以立即變現的資產。

圖表 1-1　資產負債表

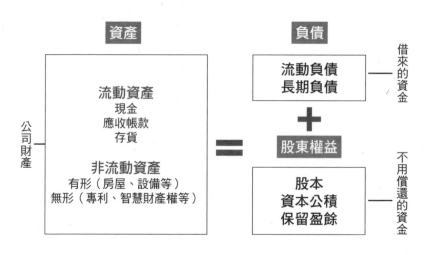

　　像這樣，依企業和產業的不同，資產負債表中所呈現的個別項目及比重也大不相同，因此在分析資產負債表時，這些我們都必須仔細查看。

3 個基本面分析，找含金量高的公司

　　看財報是所有投資者必備的基本功。雖然目前已有各種財務比率指標，但單靠這些指標所獲得的資訊仍然有限，因此除了財報數據以外，我們還要進一步學會基本面分析。以下是 3 種最常見的分析方法：

1. 和自己比，不能只看營收，利潤才是關鍵

　　比較企業歷年的營運狀況。假設一間公司的營收成長率[4]（Revenue Growth Rate）持平，利潤卻大幅下降，此時就必須分析出該公司利潤下跌的原因。

　　若企業是為了擴展投資而導致利潤減少，那不妨將之視為正面的訊號；反之，若下跌是公司為了增加營收而薄利多銷，那麼，這就不會是一個好兆頭。

---

4 營收成長率＝（當年營收－去年營收）÷ 去年營收×100%。

2. 和競爭對手比，看營業利益率

每家公司都有競爭對手，比方說，泡麵、餅乾都有很多類似的公司，也就是說，我們還要和同業比較。若某間企業的營業利益率（Operating Margin，亦稱營益率，代表本業獲利的狀況）特別高，就必須分析出原因，並藉此了解投資標的和對手之間的差異所在。

$$營益率 = \frac{（營業收入-營業成本-營業費用）}{營業收入} \times 100\%$$

3. 分析產業的平均比率

這個方式並不是和單一企業進行比較，而是從整個產業的角度去分析。

舉例來說，假設某間製藥生技產業股東權益報酬率[5]（Return on Equity，簡稱 ROE）平均是 5%，而且比其他公司都還要來得高，此時就要分析其理由（按：股東權益報酬率數字越高，代表公司越能替股東賺錢）。

然後，再透過各種不同的財務比率，搭配投資標的來評估其合理價值。而這些財務比率，透過財報都能計算出來。

---

5 顯示企業透過投資資本一年內賺到的純收入的收益性指標。

財務比率大致分為 3 大類，大家只要先有個概念即可：

① 穩定性：

- 流動比率（Current Ratio）：企業的流動資產與流動負債的比例。數字越高，代表公司發生財務危機的機率越低。
- 負債比率：〔負債／總資產〕× 100%。
- 借款依存度：衡量公司財務體質的比率，公式為：借款／股東權益。
- 資本適足率（Capital Adequacy Ratio）：指自有資本占風險性資產的比重，通常用來衡量銀行財務狀況。
- 固定比率（Fixed ratio）：固定資產／股東權益。

② 收益性：

- 營業利益率：營業利益占營業收入淨額的比率，顯現一家公司靠本業賺錢的獲利能力。
- 繼續營業單位稅前淨利率：指除了本業賺取的利潤，也將財務活動相關收益或成本納入考量的利益。
- 總資產報酬率（Return on Total Assets，簡稱 ROA）：也稱投資盈利率，意思是公司資產的報酬率。
- 利息保障倍數（Times Interest Earned）：表示流入現金是借款利息的幾倍。
- 金融利息負擔率：指企業在負債經營時，應支付的利息占銷售收入的百分比。
- 貸款利率。

③ 成長性：

● 淨營收成長率。

● 總資產增加率：用以衡量公司是否經由擴大而增加利潤。

● 有形資產增加率。

從損益表看公司獲利能力

綜合損益表呈現的是公司在一段期間內的經營成果。在下頁圖表 1-2，我們可以看到「收入」和「利益」。這兩者因為非常相似，所以在日常生活中經常被誤用，但在會計學則是被明確區分開來的。

營業收入是經由販售得到的銷售金額，將營收減去營業成本（按：又稱銷貨成本、直接成本），剩下的就是營業毛利（毛利再扣掉營業費用，即是營業利益）。倘若搞不清楚這個概念（下頁圖表 1-3），在評估企業價值時就很可能會失誤，因此必須特別注意。

舉例來說，我們把用 8 萬韓元（按：全書韓元兌新臺幣之匯率，皆以臺灣銀行在 2022 年 2 月公告之均價 0.021 元為準，約新臺幣 1,680 元）買來的物品，以 10 萬韓元的價格賣出，那麼 10 萬韓元是收入；將營收減去成本 8 萬韓元，所剩下的 2 萬韓元就是營業毛利。因此，當我們講到營業收入時，意思是公司販賣的銷售總額；若講到營業利益，就是指從營收減去營業費用的金額。

接著，請再看下頁圖表 1-2，這張損益表的當期營業收入是

圖表 1-2　損益表

產業	本期	前期
營業收入淨額	390,000	355,000
營業成本	（245,000）	（230,000）
營業毛利	145,000	125,000
營業費用	（89,000）	（89,700）
營業利益	56,000	35,300
營業外收入	52,600	41,400
營業外支出	（10,100）	（8,700）
稅前淨利	98,500	68,000
所得稅	（40,400）	（32,000）
本期稅後淨利	58,100	36,000

（單位：韓元）

圖表 1-3　損益表的概念

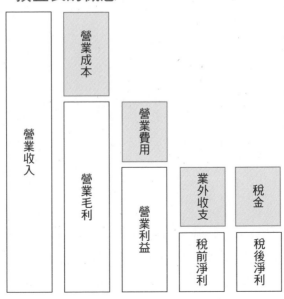

39 萬韓元。

營業利益是營收（銷售額）扣掉營業成本、銷售費用、管理費用後的金額；銷售費用和管理費用，統稱為營業費用，是指企業為銷售產品所花費的各項生產及人力費用。像這樣，透過損益表，我們可以很清楚的看到收入、費用，以及從收入中扣除費用後得到的訊息。尤其要記得，**收入和利益是不同的。**

淨利率：靠本業賺錢的能力

簡單來說，只要賣出物品，就會產生利益。雖然這概念很簡單，過程卻很複雜，相關用語也很多，以下就讓我們來介紹。

首先是淨利率（Profit Margin，*亦稱純益率*），指的是稅後淨利占本業營收的百分比（*按：本期淨利分稅前淨利、稅後淨利，一般都是指稅後淨利*）。從營收中扣除成本、費用、業外損益和所得稅後，最後的金額就是淨利。淨利率一般用於評估一間公司能發放多少獲利給股東，也就是一家公司賺錢的能力。

而淨利率還與公司費用控管有關，包括原料成本、稅金、金融費用等。淨利率越高，代表公司控制成本的能力越好。

營收與認列標準

批發零售業或製造業大部分會在銷貨完成時認列收入，之所以不以收到現金的時點，而是在交易發生的時點列入收益，主要是根據權責發生制（Accrual Basis，又稱應收應付制）。另一種

圖表 1-4　企業業績分析範例

期間	2017.12 IFRS 合併財報	2018.12 IFRS 合併財報	2019.12 IFRS 合併財報	2020.12 IFRS 合併財報
營業收入	2,928	3,374	4,035	4,948
營業利益	-103	94	263	225
本期淨利	-161	11	166	131
↳ 母公司業主淨利	-162	11	162	
↳ 非控制權益淨利	1	1	4	
營益率	-3.52	2.79	6.52	4.54
淨利率	-5.51	0.34	4.11	2.64
ROE	-21.41	1.40	18.50	12.59
負債比率	193.70	194.06	195.99	
速動比率	48.45	50.26	64.19	
保留盈餘	1,044.21	1,074.20	1,267.87	
每股盈餘	-1,378	78	1,160	867
本益比	-4.12	78.93	15.55	21.50
每股淨值	5,703	5,884	6,819	7,279
股價淨值比	0.99	1.05	2.65	2.56
每股配息		0	300	300

淨利率＝稅後淨利÷營業收入×100%

則是「收付實現制」（Cash Basis）。由於每家企業認列收入的標準都不盡相同，因此即便同樣是產品銷售的獲利，有些企業會認列為營業收入，有些企業則會認列為其他收入。

營收之所以重要，是因為營收是評估企業價值的基礎。而能否找到金雞股，其關鍵就在於我們能否從營收掌握企業獲利。

製造業大多會在交貨的時點（實際移轉所有權）認列為收入，這時營收的計算方法通常如下：

營收淨額＝總營收（數量×價格）−銷貨退回或折讓

但如果是建築、造船、工廠設備和土木等產業，計算方式就不同了。這類產業雖然會在簽約時決定承攬金額和支付日期，但由於工程往往歷時數年，因此要在哪個時間點認列收入就成了關鍵（見下頁圖表 1-6）。

依會計標準，工期在一年以上，應採完工比例法 [6]（按：其中又分工程成本比例法、工程進度比例法、產出單位比例法），因此計算上會記錄已投入的成本，並按完工程度認列工程收入。

換言之，我們在看承攬產業的損益表時，基本上一定要先了解該企業是否還有其他承包工程、工程進度、承包金額等資訊。

---

[6] 完工比例＝實際已投入成本÷（實際已投入成本＋估計尚須投入成本）；合約總價×完工比例−以前年度已認工程收入＝當年度應認列工程收入。

圖表 1-5　權責發生制 vs. 現金收付制

權責發生制：

　　按收入和支出權責的實際發生時間來記帳。由於是在交易發生時記錄，因此當營業活動與現金流的支出、流入不一致時，很快就能反映出企業的資產負債狀況；且在應對收入和費用方面也更為合理，能正確反映出該期間的財務狀況。

現金收付制：

　　以款項的實際收付作為記帳標準，與產品（外包）的交接或移交時點無關。此方法是將現金收入扣掉現金支出後，計算本期淨利，因此常有跨期收支的問題。

圖表 1-6　企業收入分析範例

區分	2018年	2019年	2020年
發生成本	20	30	50
增加估計成本	80	50	
工程累計進度（完工比例）	20%	50%	100%
累積收入	24	60	120
當期收入	24	36	60
發生成本	20	30	50
當期收益	4	6	10

　　金融業則和一般企業很類似，但由於主要營業項目與金融相關，因此利息收入、股利收入、有價證券相關收入，都會被認列為營業收入。其中占比最大的是手續費收入，其次是利息收入。

　　保險公司方面，則以保費比重最大，且採有效利息法認列利息收入。由於這在計算上非常複雜，變數很多，因此從投資人的立場來看，只要有基本概念就行了。例如，有價證券可以用**時間價值（Time value）**來計算 N 年後的收益，並將它認列為收入。

　　不過，要特別注意的是，會將手續費收入（按：承兌手續費、保證手續費、代理費收入等）認列營收的企業。這是因為，合約交易的價格不易掌握，即使知道合約金額，但實際上的費用也會依合約內容而有所不同。

　　最典型的企業就是廣告代理商。因為這些公司在向三星電子（SAMSUNG）或大型廣告主收取費用之後，會將一部分的金額支付給媒體代理商 （Media Representative），剩餘的手續費

圖表 1-7

- **年利率**：認列債券或債務的利息時，依利率計算每年固定的利息收入和利息費用的方法。
- **權證價值**：權證是指在未來可用特定價格購買股票的權利；包括時間價值及內含價值，時間價值會隨著時間增加而遞減。
- **媒體代理商**：從事廣告代理事務，為業主規畫或執行廣告工作。這類公司受媒體委託後，會將廣告時段或版面賣給廣告主，並收取販售代理手續費。

則認列為收入，所以往往難以掌握。因此，從散戶立場來看，不妨以手續費平均比例來推算營業收入。

靠現金流量表，避開地雷股

所謂營業現金流，是指公司進行產品銷售或製造時，所有現金流入、流出的狀況。我們可以從產品販售、手續費等項目的現金流，來判斷該公司的營運狀況。

若你正在投資新上市企業（或是計畫投資的話），首先一定**要避開營業現金流為負值的企業**，因為這些很可能是重新掛牌、風險較高或即將倒閉的企業。儘管季度成績很好，其營業現金流仍然有可能為負值，因此必須**檢視至少 3 年的現金流量表**。

圖表 1-8　企業的現金流量表

類別	現金流入	現金流出
營業現金流	產品銷售、手續費收入、利息收入、股利收入、所得稅之退還。	購買產品、員工薪水、利息費用、所得稅之支付。

類別	優良企業	新上市企業	處於組織重整階段的企業	重新掛牌的企業	風險企業	行將倒閉的企業
營業現金流	＋	＋	＋	－	－	－
投資現金流	－	－	＋	－	＋	－
籌資（融資）現金流	－	＋	－	＋	－	－

圖表 1-9　三星電子的現金流量表

主要財務情報	年							
	2015/12 （IFRS 合併財報）	2016/12 （IFRS 合併財報）	2017/12 （IFRS 合併財報）	2018/12 （IFRS 合併財報）	2019/12 （IFRS 合併財報）	2020/12(E) （IFRS 合併財報）	2021/12(E) （IFRS 合併財報）	2022/12(E) （IFRS 合併財報）
營業收入	2,656	2,461	2,928	3,374	4,035	4,948	6,162	
營業利益	-31	6	-103	94	263	225	382	
營業利益 （發表基準）	-31	6	-103	94	263			
繼續營業單位 稅前淨利（淨損）	-118	-67	-190	17	197	169	315	
本期稅前淨利	-92	-59	-161	11	166	131	252	
本期淨利 （母公司業主）	-92	-60	-162	11	162	127	245	
本期淨利 （非控制權益）	1	1	1	1	4			
資產總額	2,349	2,264	2,207	2,316	2,941	3,166	3,495	
負債總額	1,577	1,490	1,455	1,528	1,947	2,083	2,195	
權益總額	792	774	751	787	994	1,083	1,300	
股東權益總額 （母公司業主）	788	771	747	782	964	1,050	1,261	
權益總額 （非控制權益）	3	4	5					
股本	47	51	68	69	73	73	73	
營業活動之 現金流量	-17	265	130	12	545	240	263	
投資活動之 現金流量	-132	-193	-162	-84	-461	-136	-24	
籌資活動之 現金流量	202	-102	61	59	138	-45	-39	

舉個例子，左頁圖表 1-9 是三星電子的現金流量表。三星電子是優良企業，因此營業現金流當然也是正值。

圖表 1-10 是 3 家行動通訊公司的營業現金流量（Operating Cash Flow，簡稱 OCF）表。這 3 家公司的營業利益全部加起來不到 4 兆韓元，營業現金流卻過 11 兆韓元，為什麼會出現這樣的差異？

這是因為非流動資產，這種費用以折舊（Depreciation）和攤銷（Amortization）為代表。SK 電訊約有 3 兆韓元、KT 有 3 兆 4 千億韓元、LG U+ 有 1 兆 6 千億韓元，雖然帳面上顯示為

圖表 1-10　3 家行動通訊公司的營業現金流量表

項目	SK電訊	KT	LG U+
營業利益（損益表）	15,357	14,400	7,465
營業現金流	42,432	47,708	22,248
差額	27,074	33,308	14,783
籌資現金流	24,622	34,850	14,923

（單位：億韓元）

圖表 1-11　3 家行動通訊公司的自由現金流

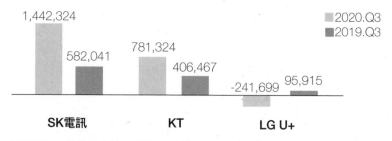

※自由現金流＝營業現金流＋投資現金流。

支出費用，但實際上現金並沒有從口袋流出，這就是現金流量之所以會大於營業利益的最主要原因。

但我們還要注意一個地方，這 3 家公司都在有形和無形資產上進行了新項目投資，金額分別為 3 兆 5 千億韓元、3 兆 2 千億韓元以及 1 兆 5 千億韓元。

從這些數值，我們能看到什麼？非常簡單，那就是這些都是健康體質的財報，它們將賺到的錢扣掉折舊攤銷後，所剩下的金額認列為收入。反之，**當營業現金流金額低於營業利益**的話，這時就是一種警訊。

下一個是負債比率。負債比率是指一家企業的總資產當中，負債所占的比例，也是用來判斷企業財務結構的代表性指標，可檢視出該企業是否過度依賴第三方（如下頁圖表 1-13）。

$$負債比率 = \frac{總負債}{總資產}$$

圖表 1-12　折舊和攤銷：把成本攤提在各期財報

一般來說折舊是用在有形固定資產，攤銷是用在無形資產，因逐年使用而將成本轉為折舊費用或各項攤銷。不論是折舊，還是攤銷，對企業的損益計算、現金流量，都會產生影響。

圖表 1-13　企業的負債比率

期間	2017.12 IFRS 合併財報	2018.12 IFRS 合併財報	2019.12 IFRS 合併財報	2020.12 ⒺIFRS 合併財報
營業收入	2,928	3,374	4,035	4,948
營業利益	-103	94	263	225
本期淨利	-161	11	166	131
↳ 母公司業主淨利	-162	11	162	
↳ 非控制權益淨利	1	1	4	
營業利益率	-3.52	2.79	6.52	4.54
淨利率	-.5.51	0.34	4.11	2.64
ROE	-21.41	1.40	18.50	12.59
負債比率	193.70	194.06	195.99	
速動比率	48.45	50.26	64.19	
保留盈餘	1,044.21	1,074.20	1,267.87	
每股盈餘	-1,378	78	1,160	867
本益比	-4.12	78.93	15.55	21.50
每股淨值	5,703	5,884	6,819	7,279
股價淨值比	0.99	1.05	2.65	2.56
每股配息		0	300	300

　　負債比率可衡量企業財務風險，一般來說，企業的負債比率以 50％ 為分界。負債比率越低，公司的借貸債務也就越低，從財務上來看屬於優良企業；但反過來說，這類公司因為未舉債就能經營事業，其槓桿效應（下頁圖表 1-14）相對也較低。另外，如果企業用低利率借錢來做投資，那麼這也算是故意舉債。

從財報中，抓3大重點

　　看懂財報是小資族進場投資必備的基本功，但我知道有很多人光看到一堆數字就頭昏腦脹。不過，哪怕只是概念也好，請各位讀者務必學起來。例如：觀察企業的經營活動和成果時，該怎麼看財報？像這樣，只要抓重點就好，不必讀懂每一個科目。

　　儘管我以前在大學和研究所學過會計，但要應用在財報分析上，還是相當不容易。當然，對於會計師和稅務師來說，由於他們要看的是帳簿上財務資訊的正確性，所以必須力求精通，但一般散戶卻不同，只要能看出公司的未來方向就好。

　　財報當中，最重要的是營業收入、營業利益，以及投資金額，特別是投資金額這一項。一家不做任何投資的企業，其股價不僅無法上漲，因為沒有增設裝置、設備或工廠，同時也無法提高營收。比方說，在不引進新設備的情況下，汽車公司還能夠發展嗎？可想而知，當然很難。儘管如此，由於投資 RD（Research and Development，研究開發）需要花費大筆資金，因此實際上還是有很多公司短視近利，不願意投資。

　　如此一來，這些公司的價值在未來會下跌也是理所當然的。

圖表 1-14　槓桿效應（Leverage Effect）

利用跟別人借錢，以提高資產報酬率（ROA）的效應。資產報酬率是指公司運用資金和貸款，在某段時間內能創造出多少獲利的比率；通常用來評估科技、軟體公司。

舉例來說，若用 10 億韓元的資本提高 1 億韓元的淨利，那麼 ROA 就是 10%，但若是用自有資金 5 億韓元再加上借來的 5 億韓元，將報酬提高 1 億韓元，那麼 ROA 就成為 20%。

$$資產報酬率（ROA）= \frac{稅後淨利}{平均總資產} \times 100\%$$

$$平均總資產 = （期初資產總額 + 期末資產總額）\div 2$$

$$資產報酬率（ROA）= \frac{1億（韓元）}{10億（韓元）} \times 100\% = 10\%$$

$$資產報酬率（ROA）= \frac{1億（韓元）}{5億（韓元）} \times 100\% = 20\%$$

當預期報酬率高於利息，那麼積極的利用槓桿效應來投資是有利的，但若是過度操作，同時必須承擔較高的投資風險。

就算是再知名企業，也毫無例外。因此，**在投資方面，理應選擇側重 RD 的企業。**

接著，讓我們來看財報 3 大要素，以及隱藏在財報背後的數字，這些都是選股時一定要仔細確認的。唯有具備會計知識，我們才能知道財報對股價的影響。雖然這並不容易，但看財報絕對是投資者必經之路，而且只要過了這一關，就能為各位打開一個全新的投資世界。

財報的 3 大要素分別為資產負債表、損益表、現金流量表（Cash Flow Statement）。

1. 資產負債表

- 資產
- 負債：借來的債務
- 股本：初期股本＋透過上市賺到的資本公積＋保留盈餘

簡單來說，資產負債表是將特定時期內所發生的金額，分為借方、負債和貸方三方面，並以此顯示公司財產狀態和損益計算的報表。

資產負債表的左邊為資產，右邊是負債和股東權益；資產會隨著資產增加而產生變動，如果公司向第三方借款，負債就會增加；股東權益分為一開始的初期股本，以及之後透過上市所賺到的資本公積（按：額外價值、股票溢價）、獲利累積的保留盈餘（按：企業賺的淨利）；對股東權益的調整，則稱為資本調整。請不要想得太困難，只要慢慢的熟悉這些基本概念即可。

2. 損益表

損益表是從營收計算出營業利益，就好比是企業的成績單，可以呈現出該企業一年賺多少錢；包括營業利益、市值、每股盈餘（Earnings per Share，簡稱 EPS）和本益比（請參考第 48 頁），這些都是股票族務必要留意的部分。在損益表中，營業收入和利益固然重要，但透過各種財務比率，我們不僅可以大致了解企業近年來的成長變化，還能預測未來的趨勢發展。

除此之外，現金流量表亦與營業利益息息相關。比方說，透過借款來投資，現金流會因投資活動而增加。然而，這不全然只有好處，因為利息支出一旦大於獲利，就有可能造成公司虧損，甚至倒閉。簡單來說，公司投資賺錢當然很好，但不合理的投資更可能導致公司陷入危機。

3. 現金流量表（錢的流入和流出）

- （＋）：營業活動（工作賺取的錢）
- （－）：投資活動（籌募資金、償還利息等）

現金的流入和流出分別以（＋）和（－）來表示，折舊、攤銷則不算在現金流支出之內。

我在前面已提過，損益表是按營收計算出營業利益，代表營業費用扣掉後，企業一年實際賺取的金額；透過營業利益或本期淨利，能進一步求出企業市值。除此之外，我們也可以根據每股盈餘（按：公式為本期淨利除以股數）來計算合理股價，相關說明請參考第 46 頁。

最後是現金流量表。

現金流量表共有 3 項，也就是營業現金流、籌資現金流、投資現金流。現金流會根據現金的進出呈正值或負值，若營業現金流是正值，就代表該公司營運持續有現金流入。**折舊、攤銷費用因為沒有涉及到現金流的變化，因此既不屬於現金流出、也不屬於現金流入。**

籌資現金流為正值，表示該公司正在向股東或債權人籌資借錢，所以現金流為正值。但誠如前面所提及的，公司用籌資來投資當然很好，但要是利息支出大於獲利，就可能導致破產。

最後是投資現金流。公司若有投資升級，現金流自然會是負值；反之，公司不再投資升級，而是賣出土地、設備的話，就會呈現正值。

攤銷費用要注意作假帳

要投資股票，一定要看懂財報三表。當然，我們還可以看得更仔細，只不過光靠這些也就綽綽有餘。可惜的是，許多人經常過不了財報這一關。

這就好比高中上數學課，很多人好不容易撐到因數分解，卻因為搞不懂微積分而放棄。股市也是如此，但即便如此，你也不要在一開始就氣餒，只要掌握我說的重點去看就好。比方說，除了看利潤，還要留意折舊攤銷，以及有無作假帳的可能；或是也可以從企業投資的金額，來預估折舊攤銷費用。

以下我將舉企業為例來說明。

韓國化學企業京仁洋行在 2020 年第 2 季的財報慘澹，雖然因為疫情的關係，導致燃料產業呈下行趨勢，但最大的原因，其實在於：折舊攤銷──京仁洋行的資本支出（Capital Expenditures，簡稱 CapEx；企業為了賺錢，對設備、裝備或建物等做的投資）增加。一般來說，企業購置固定資產時，會在使用年限內折舊，機械裝置一般是 3 到 5 年，最長甚至 10 年；另一種則是，加速折舊法（按：也稱倍數餘額遞減法，指在固定資產使用年限的初期提列較多的折舊），將裝置或設備等計提為零，如此一來，只要折舊攤銷逐漸減少，或是攤銷完畢，就會額外產生巨大的收益。

雖然資本支出可以提高固定資產，但因為借款增加，負債同時也會提升，因此這並不代表股本增加。再者，如果折舊攤銷經常大幅增加，作假帳的機率也高（按：分配製造費用），所以，我們更不能只看帳面上的財務數字就好，還要看出隱藏在報表裡的訊息。

由於折舊攤銷這個數字總有一天會歸零，當折舊攤銷完畢，企業的業績就會上升。儘管營收增加不如預期，但營業利益還是很好，這種企業大部分都是因為折舊攤銷費用減少或結束的關係。因此，在看營業利益時，一定要確認折舊攤銷和沒有現金流出的部分。

在看企業時，不能只看表面，還要努力去找出看不見的數字，這就是股票投資的基本。如果眼光永遠短淺，那麼你就無法成為真正的投資人。

如何分辨好企業？

對於股票小白來說，最困難的部分是什麼？我想，應該是不知道如何辨別出好公司吧！尤其是在熊市，往往會因為缺乏明確的判斷標準，而使內心產生動搖。反之，當你能夠判斷出何謂好企業時，那麼就算股市暫時下跌，也能夠繼續持股下去。

而最能夠幫助新手掌握企業的工具，便是財報，上面會清楚列出營業收入和營業利益等各種數字。那麼，基礎雄厚的企業，其財報又有哪些特徵？

首先是營業收入和營業利益要持續增加，而折舊攤銷、利息費用要減少。另外，有些企業還會用現金買回庫藏股（按：利用公司資金，買回市場上流通的自家股票）註銷減資，以增加股東權益報酬率，但這麼做的前提是，資金周轉要夠靈活。此外，產業持續走好的企業以及成功轉型的企業，也可以視作優良企業。

以上所述，都會影響到每股盈餘。倘若要添新設備，營收相對就得增加，企業才能成長；當投資的設備能夠有效使用，且折舊攤銷費用逐年減少，如此便能作為償還利息的費用，以及回購股票並註銷，抬升股價。

另外，相較於營業現金流，若是公司不做過度投資或是不舉債，也可視作現金流良好；營業現金流是正值、投資現金流是負值、籌資現金流是負值（按：給籌資對象錢，代表收回的現金足以供企業使用），這種企業體質也是健康的。若要再細分，大致還可依成長價值、資產價值、除權息價值（按：股利發放，每年的 6 月到 8 月是傳統除權息旺季）將企業分門別類。而這些都可

圖表 1-15　三星電子發行股數

投資情報	買賣 10 檔
市值	530 兆 1,167 億韓元
市值排名	KOSPI　第 1 名
上市股數	5,969,782,550
面值｜買賣單位	100 元｜1 股
外資持股上限（A）	5,969,782,550
外資持有股份（B）	3,314,966,371
外資持股比例（B/A）	55,53%
投資意見｜目標股價	4.00 張｜91,720
52 週最高價｜最低價	84,500｜42,300
本益比｜每股盈餘（2020.09）	24.25 倍｜3,662 韓元
推算本益比｜每股盈餘	22.27 倍｜3,988 韓元
股價淨值比｜每股淨值（2020.09）	2.25 倍｜39,446 韓元
殖利率	N／A
同一業種本益比	20.92 倍
同一業種漲跌比率	＋5.88%

以透過反映資產型態的財報、顯示企業損益結構的損益表，加以分析出來。

市值、上市股數也要看

發行股數是指一間公司在有價證券市場發行，供投資者購買的股份數量。計算方法是，將授權股，也就是法定可發行股數上限，加上公司已發行股數，再扣掉企業用庫藏股買回來持有或註銷的股數。其他還有流通在外股數（Stock Outstanding，簡稱流通股），指實際在市場流通的股票，包括投資人持有、公司內部人與員工持有、三大法人持有的普通股總數。

圖表 1-16　發行股數示意圖

第 43 頁圖表 1-17 是三星電子企業報告的資料，包含額定股本、累積發行股數、累積減少股數、庫藏股數、流通股數等。請特別注意，已發行股數和流通股數是不同的。在看每股盈餘或每股淨值（Book Value per Share，簡稱 BPS）等指標時，要看的是流通在外股數，而非已發行股數。

圖表 1-17　三星電子企業報告

項目	股票種類			備註
	普通股	特別股	合計	
Ⅰ. 額定股本	400,000,000	100,000,000	500,000,000	-
Ⅱ. 累積發行股數	155,609,337	23,893,427	179,502,764	-
Ⅲ. 累積減少股數	14,930,000	3,380,000	18,310,000	-
1. 註銷	-	-	-	-
2. 利潤攤銷	14,930,000	3,380,000	18,310,000	庫藏股註銷
3. 可贖回股數	-	-	-	-
4. 其他	-	-	-	-
Ⅳ. 已發行股數（Ⅱ-Ⅲ）	140,679,337	20,513,427	161,192,764	-
Ⅴ. 庫藏股數	17,981,686	3,229,693	21,211,379	-
Ⅵ. 流通股數（Ⅳ-Ⅴ）	122,697,651	17,283,734	139,981,385	-

（基準：2020 年 9 月 30 日。）

而市值（Market Value of Listed Stocks）是公司股票在市場上的總價值，主要用於評估一間公司的規模，算法是將該股票的發行股數乘以股價。

> ## 公司市值＝流通在外股數×股價

簡單來說，將股票收盤價乘以該公司流通在外的股數，就是市值，因此股價若上漲，**市值也會變大**。在韓國，三星電子之所以是最大企業，就是因為市值最高，在股市中所占的比重也最大，穩居第一名的寶座。若股價下跌，市值當然也會變小，因此上市企業的市值排名每天都不一樣（請參考第 44 頁圖表 1-18）。

圖表 1-18　三星電子市值

投資情報	買賣10檔
市值	530兆1,167億韓元
市值排名	KOSPI　第一名
上市股數	5,969,782,550
面值｜買賣單位	100元｜1股
外資持股上限（A）	5,969,782,550
外資持有股份（B）	3,314,966,371
外資持股比例（B/A）	55,53%
投資意見｜目標股價	4.00張｜91,720
52週最高價｜最低價	84,500｜42,300
本益比｜每股盈餘（2020.09）	24.25倍｜3,662韓元
推算本益比｜每股盈餘	22.27倍｜3,988韓元
股價淨值比｜每股淨值（2020.09）	2.25倍｜39,446韓元
殖利率	N／A
同一業種本益比	20.92倍
同一業種漲跌比率	＋5.88%

股市蟻神的重點課

　　若你正在投資新上市企業（或是計畫投資），一定要避開**營業現金流呈現負值的企業**，儘管企業季度成績很好，營業現金流仍可能為負值，因此必須檢視至少 3 年的現金流量表。

Q & A　問問看，答答看！

Q：我們用什麼來評價公司？
Q：為什麼生意很好的公司會突然倒閉？
Q：為了維持公司的運作，你認為最重要的是什麼？

2 | 5大指標，判斷這股票現在是便宜還是貴

評估企業時最重要的指標是什麼？除了企業品牌、技術、營收、土地，還要看觀察哪些面向，又該怎麼看？

很多公司都能創造出高收入的事業，但關鍵在於這項收入能夠維持多久？答案是，去思考帶來企業收入的真正根源是什麼，然後消除那個根源的變數。

——美國波克夏·海瑟威（Berkshire Hathaway）公司
副董事長　查理·蒙格（Charlie Munger）

雖然很多人投資時會看很多指標、股市新聞或資料，但其實最基本的指標只有5個，有些投資人甚至只靠4項指標，就能持續穩定獲利，因此我們選股前，務必要了解以下指標：

1. 每股盈餘

每股盈餘是將本期淨利（稅後淨利）除以該企業總股數所得出的數字。

$$每股盈餘 = \frac{稅後淨利}{股數}$$

該指標代表每一股所創造的盈餘，也就是每一股股票能為股東賺多少錢；其數字越高，股票的投資價值也就越高，且代表公司業績表現良好，也有能力配息，因此股價通常會上漲。

本期淨利增加的話，每股盈餘就會變高，但若是發行可轉換公司債券（Convertible Bond，簡稱 CB；也稱作可轉債、可換股債券），或是增資使股數變多，每股盈餘就會變低。

近年來由於企業的盈利能力已成為股市漲幅的代表性觀察指標，因此投資人普遍都會看每股盈餘，然後再用每股盈餘算出本益比（按：每股盈餘、本益比是決定一家公司股價的關鍵；本益比請參考下頁說明）。

2. 股東權益報酬率

股東權益報酬率，是指經營者用股東資金能夠賺回多少獲利，也是用來衡量股東權益投資報酬的指標。

把公司總資產扣除負債，剩下的就是股東權益，大部分會取期初和期末淨資產額的平均值，並以經常利益、稅前淨利、稅後淨利來計算。

股東權益報酬率越高，形成的股價也越高，代表公司為股東賺回的獲利越高，因此也是衡量資產及公司資源運用效率的代表

性財務指標。

$$股東權益報酬率 = \frac{稅後淨利}{股東權益} \times 100\%$$

3. 本益比

本益比（Price-to-Earning Ratio，簡稱 P/E ratio；又稱市盈率）是股價與每股盈餘的比例，亦即股價是每股盈餘的幾倍。

$$本益比 = \frac{股價}{每股盈餘}$$

若 A 企業的股價是 6.6 萬韓元，每股盈餘是 1.2 萬韓元的話，那麼本益比就是 5.5。本益比數值高，就代表和每股盈餘相比，股票價格高；本益比數值低，就表示和每股盈餘相比，股票價格低。而本益比低的股票只要能保證成長率，之後股價很有可能會上漲。

4. 股價淨值比

股價淨值比（Price-Book Ratio，簡稱 PBR；又稱為本淨

比）的公式是，股價除以每股淨值。

$$股價淨值比 = \frac{股價}{每股淨值}$$

換句話說，就是這間公司的股價是淨值的多少倍（淨值又稱股東權益，亦即總資產減去負債）。

而淨值是將總股本或資產減去負債（流動負債＋固定負債）後，所得出的金額，也就是股票的帳面價值，代表公司清算時的財產價值，因此也被用來衡量股價。

當股價淨值比＞1，代表現在股價比較貴，高於每股淨值；反之，當股價淨值比＜1，代表目前的股價低於每股淨值。也就是說，股價淨值比數值越低，股價就越被低估。

5. 每股淨值

每股淨值也稱為清算價值，意思是公司被清算（按：倒閉，變賣所有資產付清債務）後，股東可以拿到的每股金額。

$$每股淨值 = \frac{（總資產－總負債）}{流通在外股數}$$

　　若每股淨值越高，企業的收益性及財務穩健性就越好，這種企業的投資價值通常也比較高。理論上來說，每股淨值要高於股價，這是因為唯有如此，之後公司被清算，股東才能分配到高於目前股價水平的資產，也就是起到安全邊際的作用。

　　儘管股價有時會低於每股淨值，但**從長期來看，股價不能低於淨值**，若在熊市，尤其要注意這類企業的股價（按：當淨值變為負的，會被終止上市）。同時，如果用股價除以每股淨值，還可以求出選股的主要指標之一，也就是股價淨值比。

　　如圖表 1-19 所示，三星電子的每股淨值是 39,446 韓元，較股價低，這亦符合了股價需要高於每股淨值的理論；右方紅框內即是每股淨值與股價淨值比。

圖表 1-19　三星電子企業現況

（單位：韓元）

圖表 1-20　安全邊際（margin of safety）

　　股價的合理價值和買入價格的差異，買得越便宜，和合理價值之間的差異就越大。即使因投資判斷失誤而誤判合理價值，安全邊際越大，遭受虧損的可能性就會越小。

圖表 1-21　每股淨值計算示範

以下將以聯發科（2454）為例，計算每股淨值：

聯發科（2454）基本資料			
流通在外股數	股本／股票面額 = 159.9 億／10 元 = 15.99 億股 = 1,599 百萬股		
當前股價	收盤價 840 元		
總資產	660,877 百萬元	總負債	227,229 百萬元
每股盈餘	69.68元	本益比	12.5（倍）
一年最高本益比	45.92 倍	一年最低本益比	11.99 倍
同業平均本益比	23.20 倍	股東權益報酬率	7.24 %
稅後淨利	111,421 百萬元	現金股利	73 元

（基準：2022 年 4 月。）

$$每股淨值 = \frac{（總資產 - 總負債）}{流通在外股數}$$

（660,877-227,229）／ 1,599 = 271.20 元

（文／艾致富）

圖表 1-22　術語基本概念

每股盈餘（EPS）$= \dfrac{稅後淨利}{股數}$　➡　每 1 股賺多少錢？

股東權益報酬率（ROE）$= \dfrac{稅後淨利}{股東權益} \times 100\%$　➡　有助於了解企業成長性，是複利的概念。

本益比（PER）$= \dfrac{股價}{每股盈餘}$　➡　股價是每股盈餘的幾倍，本益比越低，就代表企業越被低估。

股價淨值比（PBR）$= \dfrac{股價}{每股淨值}$　➡　股價是淨值的幾倍，股價淨值比低的以資產股居多。當股價淨值 < 1，表示股價低於清算價值。

每股淨值（BPS）$= \dfrac{淨資產或權益總計}{流通在外股數}$　➡　呈現企業的清算價值。

 股市蟻神的重點課

　　股票投資有 5 個最基本的數值，分別是每股盈餘、每股淨值、本益比、股價淨值比和股東權益報酬率。

Q&A　問問看，答答看！

Q：何謂公司創造收入？

Q：為什麼即使公司出現赤字，還是可以繼續營運下去？

Q：如果你是一位老闆，要怎麼做才能提高收入？

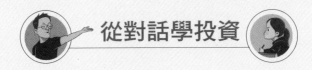

從對話學投資

獲利的訊號，就在企業名字裡

我不是請你讀《投資心智》（*Invested*）這本書嗎？你從中學到了什麼？

第一章談到了管理、Moat，還有安全邊際，然後又說明了如何了解企業經營的方式、做哪些事、公司代表是誰等。

喔，原來書裡描述了我們在選擇企業的過程啊！那你知道什麼是 Moat 嗎？

擋在那裡，讓別人進不來的水池？

沒錯！柬埔寨不是有個吳哥窟嗎？Moat 就是在周圍挖水池，用來阻擋敵人入侵的障礙物。大白話就叫「護城河」。

原來如此！

那你有看前幾天爸爸上傳到 YouTube 的市場行銷講座嗎？

嗯。

爸爸一開始講了 3C，3C 是什麼？

Company（公司）、Competitors（競爭者）、Consumer（消費者）。

這些內容之所以重要，是因為企業會不斷改變，而這些基本概念能幫助我們篩選標的，並掌握其未來發展的動向。那你

認為韓國最有名、最會賺錢的是哪家公司？

三星電子。

對，就是三星電子。如果早在三、四十年前就投資三星電子，現在的報酬應該有數百倍吧！所以說，看企業的眼光很重要，要能找到可以持續成長，甚至成為跨國企業的公司。

現在更重要了！

沒錯！要成為跨國企業，有什麼樣的條件嗎？

嗯，因為說到 Company，是公司嗎？

沒錯，第一個就是公司，3C 中的 Company，例如企業的目標和事業觀、企業理念、前景等。那你知道三星電子在過去有著什麼樣的前景嗎？三星這個名字的意義又是什麼？

三個星星？

從字面來看，是三個星星沒錯。三星電子原本的名字是「第一物產」，為了成為第一名，所以命名為「第一」，後來還出現了三星集團的廣告公司「第一企劃」。三星電子用三個星星，原本是想傳達「走向世界」的意思，但在 1980 年代後期有些不同。你看三星電子的標誌，有個軌道環繞在「SAMSUNG」周圍吧？它的意義是「Beyond the Earth」，也就是要超越地球。

哦！原來是這樣！

三星電子的目標是要成為全球第一。另一個知名全球企業蘋果（Apple），其商標據說也是源自於《聖經》（Bible），《創世紀》（Genesis）中亞當和夏娃的故事。上帝叫他們不能吃蘋果，但亞當違反規定，咬了一口，所以被趕出伊甸園，

之後人類便誕生。蘋果標誌就是那個被咬了一口的蘋果，蘊含了要改變世界命運的意志。那你知道特斯拉（Telsa）嗎？

我知道，是電動汽車。

對，他們的電動汽車最有名。那你知道特斯拉這個人嗎？大約是 100 年前的人。

我不是很確定，他和湯瑪斯・愛迪生（Thomas Edison）同時代嗎？

沒錯，美國發明家尼古拉・特斯拉（Nikola Tesla）原本在愛迪生的公司工作，因為理念不合，後來自立門戶。雖然愛迪生發明了燈泡，但事實上特斯拉發明的東西更多，不過在歷史上卻是愛迪生更有名，很神奇吧？

嗯。

這是因為愛迪生先出名的緣故，但其實今天更多人使用的是特斯拉的電力。愛迪生發明的電力是 Direct Current，叫做直流電，也就是電力是直直走的；相反的，特斯拉的電力會發生週期性變化，電的強度與方向都不斷改變，也就是 Alternating Current，叫做交流電。你覺得哪一個可以走得更遠？

直流電？

舉例來說好了，你滑滑板的時候，如果把滑板直直的往前推出去，會怎麼樣？

滑了一下，就會停下來。

對！但你滑的時候，是不是會左右搖擺加速？像走 Z 字一樣，那會怎麼樣呢？

哦！這樣可以滑更遠。

差別就在這裡。愛迪生的電力系統，因為電力運送不遠，所以我們在蓋公寓的同時，旁邊必須有發電廠。但是，特斯拉的電力系統卻可以發送得更遠、範圍更大，就連電力配電也都是使用交流電。不過，家裡一般的插座、電視大多是用直流電。

但，特斯拉真的是個非常了不起的天才，他的電力系統而後還廣泛應用在無線通訊、無線網路、無線電話等方面。只可惜他社交能力不夠，一生中只和幾個朋友見面，但愛迪生則相反，不僅創辦公司、積極參與管理及商業活動，還發明了很多東西，當然也就更有名了。

是這樣啊……原來背後還有這些故事。

故事還有呢！億萬富翁喬治‧威斯汀豪斯（George Westinghouse）為了取得專利，向特斯拉開出，每賣出 1 馬力的電力，就支付 1.5 美元的條件。

哦！

現在來看看特斯拉這間公司吧！初期美國人在創立公司時都會用自己的名字，福特汽車就是很典型的例子，但特斯拉的執行長伊隆‧馬斯克（Elon Musk）創立公司，卻是用發明家「特斯拉」的名字，而不是自己的名字。

為什麼？

馬斯克之所以用特斯拉的名字，是因為他想實踐特斯拉的精神與理念。據說，特斯拉還曾經研究過瞬間移動！

真的？

他曾想讓一艘巨輪消失不見，瞬間移動到其他地方。從某個意義上看來，該說他是個瘋子嗎？反正就是一個很天馬行空的人。

如果是在 100 年前的話，這麼做的確會被當瘋子。

雖然他失敗了，但他曾經努力過，是不是真的很驚人？馬斯克為了實踐這個精神，便取名為特斯拉。他開發電動汽車，還嘗試做太空飛行，你知道最近他還試圖做什麼嗎？

什麼嘗試？

叫行動方塊（Mobility Cube），也就是挖地建隧道，然後在裡面放上膠囊。

膠囊？

膠囊是無重力的，這樣會怎麼樣呢？就不會有摩擦，可以瞬間「嗖」的跑數百公里。

哇！

現在幾乎快完工了。

真的嗎？

他們也正在挑選參加太空飛行的人。

好像有聽說。

馬斯克打從一開始把企業取名為特斯拉，就宣示了他要做這些挑戰的決心。那你還知道氫氣嗎？有聽過氫能源嗎？

我知道氫氣，但還不知道氫能源。

氫能源是未來的趨勢。

好！

有車子是靠氫氣在移動的。水是 H_2O，我們可以只用水就製

造出氫氣，然後再把它當作燃料使用。在韓國，雖然也有企業投入開發氫能車，但是 2020 年前卻發生了美國氫能源汽車公司尼古拉（Nikola Corporation）因涉嫌詐欺，而使股價瞬間腰斬的醜聞。

像這樣，我們必須對新能源保持高度關注。恰巧的是，這間公司的命名由來，也是取自特斯拉。

哇，是剛好嗎？

或許是吧！總之，製造電動汽車的公司是特斯拉，製造氫能車的公司是尼古拉。

好有趣喔！

名字有趣的公司很多。那你知道谷歌（Google）的意思嗎？

我知道，10 的 100 遍？

對，谷歌這個名字是出自「古戈爾」（googol），有 10 乘以 100 遍的意思。但因為數字太大了，所以沒辦法計算，對吧？

對。

從搜尋網頁到 YouTube，現在的谷歌累積了世界上無數的數據，這不就呼應了公司的命名由來嗎？而且，甚至連 YouTube 上的影音對話都能被儲存下來，科技進步之快，真的很令人驚豔。而且，美國的微軟（Microsoft）、谷歌、臉書（Facebook）、亞馬遜（Amazon）等企業至今依舊是引領全球。那麼，在韓國，1990 年以後有哪些企業備受矚目，下次我們一起來看吧？

嗯，好喔！

3 | 蟻神的合理股價計算公式

如果某間公司的股價持續上漲，這是好事嗎？要怎麼判斷股價是便宜還是貴？合理的股價該怎麼計算？

股票價值掉得越低，人們對於買賣便不再熱衷，這是因為人們總是跟隨著「市場先生[7]」（Mr. Market）行動，而不是靠自己思考。

——價值投資之父班傑明·葛拉漢（Benjamin Graham）

　　在進行企業評價時，即便是投資新手，也應該要對財報和計算股價有最起碼的了解。接下來，讓我們來介紹估值。

　　市值是指企業股票在市場上的總價值，而估值（Valuation）則是將企業的內在價值與未來價值量化，進而和股價比較。簡單來說，就是比較企業價值和市值。

---

[7] Mr. Market 市場先生是葛拉漢著作當中的虛構人物，因為每天都會對投資人提出買賣股票的價格，但報價卻不一定合理，因此用來暗示投資人應該要獨立思考。

　　而投資就好比房地產，當我們準備買房子的時候，通常會事先考慮到生活圈、日後開發計畫，甚或是未來的投資價值。待選定地區之後，便會透過找房、看房來比價，以及確認樓層位置、景觀、周邊商圈、交通便利性、噪音程度等。但很多投資者卻連進場價格是否合理都沒想清楚就下單，這不是本末倒置嗎？

　　那麼，我們該用什麼樣的標準來估值，也就是進行企業價值判斷？雖然估值的方法有很多種，但若從企業以獲利為最終目的來看，估值一般以營業利益（operating profit；用本業賺取的利益）為衡量標準。

　　首先，本益比是最常用來衡量公司價值的方法。

　　美國道瓊指數本益比超過 20 倍，用專業術語來說，就是給 20 倍的乘數，意思是將企業賺進的錢（淨利）乘以 20，我們稱之為本益比 20（本益比估值法為相對估值的方法；主要採用乘數，只適用於能穩定獲利的公司，例如傳產股、電子股）。

　　簡言之，本益比就是一種財務乘數。乘數有多少，也就是稅後淨利大約要乘以幾倍，才是這間企業的合理市值（見下方公式）。

$$本益比 = \frac{股價}{每股盈餘} = \frac{市值}{稅後淨利}$$

　　那麼，我們該如何計算企業的估值呢？

　　首先，**本期淨利乘以股東權益報酬率就是市值**，公式如下：

> **市值 ＝ 營業利益（或本期淨利）× 股東權益報酬率× 100**

　　比如，一間營業利益為 100 億韓元的公司，股東權益報酬率是 10％的話，市值就是 100 億韓元乘以 10，也就是 1,000 億韓元是合理的。之所以會用營業利益去計算市值，是因為從現金流去掌握一家企業的營運狀況是最準確的。如果該企業持有多家子公司，或是有很多營業虧損、營業費用，透過企業處分資產（按：包括轉讓、消費、出售、封存、增資或減資）就會使本期淨利產生變動，增加權益淨值。反之，如果能靠子公司持續穩定獲利，則可以用本期淨利計算（按：扣除業外收入的稅後淨利），尤其適用於設備股或材料股。

　　此外，雖然在網站上皆可查詢到企業過去的股東權益報酬率，但在計算時要套用多少仍須由投資者自行判斷。不過，由於股東權益報酬率通常是四季報的歷史數據，而非未來預測，因此若是一間成長性高的企業，不妨給予較高的合理乘數。

　　股市蟻神的股價公式：
- 每股淨值
- 股東權益報酬率
- 每股盈餘 ＝ 稅後淨利 ÷ 普通股在外流通股數

　　每股淨值是指將公司淨資產按股票總數均攤後，每股可以分到多少錢。這裡的 B，Book Value，是指帳面價值或公司淨值

（總資產減去總負債），又稱為股東權益（Equity）。（Book Value ＝帳面價值＝公司淨值＝股東權益）公式為：

$$每股淨值 \times 股東權益報酬率^2 ＝ 每股盈餘 \times 股東權益報酬率$$
$$每股淨值 \times 股東權益報酬率 ＝ 每股盈餘$$

以此為基礎，合理股價的公式如下：

$$合理股價 ＝ 每股盈餘 \times 股東權益報酬率 \times 100$$

在這裡，只要將股東權益報酬率視作乘數（Multiple）即可。亦即，「股東權益報酬率＝ Multiple ＝未來的本益比」。若想提高成功率，就必須多加練習，以培養出洞察產業和企業未來的眼光。

$$營業利益（或本期淨利） \times 股東權益報酬率 \times 100 ＝ 市值$$

套用上述公式，即可計算出合理的市值。在這個公式當中，也出現了股東權益報酬率。股東權益報酬率，也就是乘數，是投資者可自行代入的數值，但最好事先建立自己的一套標準——確認各產業的平均乘數，並且和競爭對手加以比較。

圖表 1-23　台股市值 & 合理股價計算

在臺灣，一般常用公式為：市值＝流通在外股數 × 當前股價。以下將以聯發科（2454）為例，計算公司市值（請參閱第 51 頁之圖表 1-21）：

- **市值：流通在外股數 × 當前股價**
  15.99 億股 × 840 元＝ 1.34 兆元
- **合理市值：稅後淨利 × 股東權益報酬率 × 100**
  111,421 百萬元 ×7.24 ％×100 ＝ 0.807 兆元
- **【蟻神公式】合理股價：每股盈餘 × 股東權益報酬率 ×100**
  69.68 元 ×7.24 ％×100 ＝ 504.48 元
- **【一般公式】合理股價＝每股盈餘 × 同業平均本益比**
  69.68 元 ×23.2 ＝ 1,616.576 元
- **現金殖利率：現金股利／股價**
  73 元／ 840 元 ＝ 8.69 ％

從上方計算，可得知目前市值為 1.34 兆元，遠高於合理市值 0.807 兆元；目前股價 840 元，也遠高於合理股價 504.48 元。然而，若從過去一年的本益比落在 11.99 倍至 45.92 倍來看，目前本益比僅有 12.05 倍，則是屬於低估的情況；再從同業平均本益比 23.20 倍來看，聯發科也是被嚴重低估，再加上該公司為全球十大 IC 設計廠商，無論技術、產業重要性，都處於領先地位，其本益比理當高於同業平均。此外，其現金殖利率 8.69 ％，也算是相當不錯的（請參考第 135 頁）。

由此可看出，雖說合理市值與股價，每個人都有其一套客觀的評估方式，然而實務上，仍須考慮國家、產業、公司技術等因素。

（文／艾致富）

圖表 1-24　計算股價的範例

韓國生物製藥公司賽特瑞恩（Celltrion Healthcare）（以財報上的股東權益報酬率計算合理股價）

合理股價＝每股盈餘×股東權益報酬率×100

合理股價：4,411 韓元×19.17＝84,559 韓元
目前股價：356,000 韓元
所以與合理股價相比，企業被高估約 420%。

市值＝營業利益×股東權益報酬率×100

合理市值：7,640 億韓元×19.17＝146,459 億韓元
目前市值：480,592 億韓元
所以與合理市值相比，企業被高估約 330%。

　　如上方圖表 1-24 所示，若代入 2019 年財務報表的數值，賽特瑞恩絕對是一檔虧錢股。為什麼？這是因為，生技產業的研發費用本來就高，且需要長時間才能回收費用，因此財務結構通常並不穩定。儘管如此，我們還是可以將之視為成長股──因為一旦成功開發出一款新藥，就會帶來可觀的市場規模和市場價值。所以，對於這類成長型企業，我們可以給予較高的乘數。再加上，2020 年經歷新冠疫情，賽特瑞恩在檢測試劑及治療藥物方面皆有所斬獲，其成果和營收表現早已不可同日而語。

　　換言之，為企業進行估價時，財務以外的因素也很重要，例如公司環境、產業發展、議題、政策等。因此，想要利用估值挖對成長股，就必須深度研究一家企業，並且隨時追蹤產業最新動

圖表 1-25　賽特瑞恩企業概要

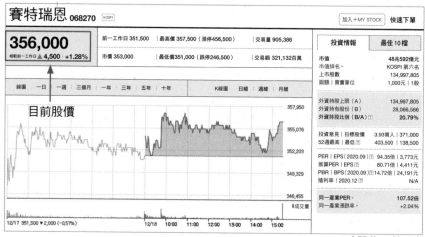

（單位：韓元）

圖表 1-26　賽特瑞恩財務報表

主要財務報表	最近年度業績				最近季度業績					
	2017.12	2018.12	2019.12	2020.12 (E)	2019.09	2019.12	2020.03	2020.06	2020.09	2020.12 (E)
	IFRS 合併財報	IFRS 合併財報	IFRS 合併財報	IFRS 合併財報	IFRS 合併財報	IFRS 合併財報	IFRS 合併財報	IFRS 合併財報	IFRS 合併財報	IFRS 合併財報
營業收入（億元）	9,491	9,821	11,285	18,687	2,891	3,827	3,728	4,288	5,488	5,260
營業利益（億元）	5,078	3,387	3,781	7,640	1,031	1,142	1,202	1,818	2,453	2,444
本期淨利（億元）	3,862	2,536	2,980	5,926	616	951	1,053	1,386	1,758	1,724
營業利益率（%）	53.51	34.49	33.50	40.88	35.69	29.84	32.25	42.41	44.70	46.46
淨利率（%）	40.69	25.82	25.41	31.71	21.31	24.84	28.24	32.32	32.04	32.78
股東權益報酬率（%）	17.53	10.84	11.19	19.17	9.42	11.19	12.47	14.05	17.14	
負債比率（%）	36.33	34.48	33.94		34.96	33.94	37.26	37.41	38.27	
速動比率（%）	229.34	221.23	224.94		240.46	224.94	228.68	220.10	225.72	
保留盈餘（%）	1,799.46	1,975.54	2,181.03		2,094.63	2,181.03	2,151.40	2,265.20	2,394.35	
每股盈餘（元）	2,858	1,952	2,211	4,411	456	705	779	1,024	1,265	1,307
本益比（倍）	72.59	108.87	81.86	80.72	85.44	81.86	91.09	103.22	68.24	272.33
每股淨值（元）	17,315	18,916	20,920	25,519	20,209	20,920	21,666	22,826	24,191	25,519
股價淨值比（倍）	11.98	11.24	8.65	13.95	7.75	8.65	10.57	13.41	10.64	13.95
每股配息（%）				8						
市價配息率（%）										
股票配息率（%）	0.64	0.95	2.14							

圖表 1-27　計算銀行的股價

企業銀行（以財報上的股東權益報酬率計算合理股價）

合理股價＝每股盈餘×股東權益報酬率×100

合理股價：1,874 韓元×6.09＝11,413 韓元
目前股價：9,360 韓元
所以與合理股價相比，企業被低估約 18%

市值 ＝ 營業利益×股東權益報酬率×100

合理市值：19,125 億韓元×6.09＝116,471 億韓元
目前市值：69,139 億韓元
所以與合理市值相比，企業被低估約 40%。

態，進場才能快、狠、準。

根據財報，圖表 1-27 這家企業銀行的市值至少被低估了 40%，一間實力雄厚的企業股價竟如此低價，要逢低買進嗎？

雖然我們很想找到便宜股，但前提是，**被低估的股票必須是成長股**，否則就算股價再便宜，若該企業所屬的產業是夕陽產業，或該企業本身已不再成長，投資者就不宜貿然下手。

尤其是傳統銀行，近年來因為技術日益發達、金融與 IT 的結合，紛紛面臨倒閉的危機。即使部分企業可以轉型成功，也免不了面對兩大問題，一是由於長期低利率使銀行獲利下降，二是多家業者投入競爭，同時瓜分了既有的客戶及市場。

在此情況下，未來真能得到保障嗎？從投資觀點來看，雖然公司的股份結構穩定，也有較高的配息能力，但若是買進已不受市場關注、成交量也幾乎為零的股票，就很有可能讓你住套房。

圖表 1-28　企業銀行企業概要

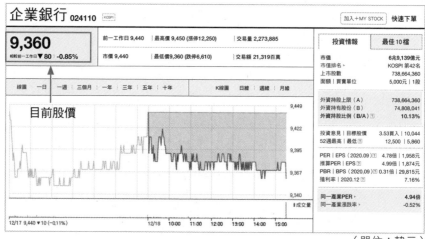

（單位：韓元）

圖表 1-29　企業銀行財務報表

主要財務報表	最近年度業績				最近季度業績					
	2017.12	2018.12	2019.12	2020.12 (E)	2019.09	2019.12	2020.03	2020.06	2020.09	2020.12 (E)
	IFRS 合併財報	IFRS 合併財報	IFRS 合併財報	IFRS 合併財報	IFRS 合併財報	IFRS 合併財報	IFRS 合併財報	IFRS 合併財報	IFRS 合併財報	IFRS 合併財報
營業收入（億元）	167,840	155,279	169,382		28,099	33,279	73,040	28,245	26,555	
營業利益（億元）	20,283	23,964	22,279	19,125	2,097	3,969	6,613	4,267	4,842	3,490
本期淨利（億元）	15,085	17,643	16,143	14,458	3,819	2,464	5,005	3,206	3,666	2,386
營業利益率（%）	12.08	15.43	13.15		18.14	11.93	9.05	15.11	18.23	
淨利率（%）	8.99	11.36	9.53		13.59	7.41	6.85	11.35	13.80	
股東權益報酬率（%）	7.98	8.63	7.36	6.09	7.67	7.36	6.95	6.24	5.98	
負債比率（%）	1,284.07	1,272.46	1,296.65		1,296.78	1,296.65	1,3178.20	1,323.56	1,308.94	
速動比率（%）										
保留盈餘（%）	501.92	541.21	574.73		573.92	574.73	583.30	524.43	499.21	
每股盈餘（元）	2,282	2,666	2,393	1,874	566	363	741	429	442	291
本益比（倍）	7.21	5.27	4.93	4.99	5.29	4.93	3.26	3.87	4.09	32.20
每股淨值（元）	29,937	31,891	33,567	29,369	33,528	33,567	33,998	31,071	29,815	29,369
股價淨值比（倍）	0.55	0.44	0.35	0.32	0.39	0.35	0.22	0.26	0.27	0.32
每股配息（%）	617	690	670	532						
市價配息率（%）	3.75	4.91	5.68							
股票配息率（%）	29.04	23.38	23.38							

　　為了算出合理的股價，我們必須從各方面分析，而不是只從單一面向去判斷。最重要的是，一定要試著自己估價，如此才能提高投資報酬率！所以，請大家務必試著自己計算看看，並建立起屬於自己的標準——沒有任何人能穩賺不賠。

　　雖然我們通常是以收益性來計算股價，但估值的方法有很多種。除了相對估值法，還有絕對估值法，像是現金流折現法（DCF估值法，Discounted Cash Flow，用於分析投資事業經濟效應的方法）、市值營收比（Price-to-Sales Ratio，PSR）、利用每股淨值和股東權益報酬率的剩餘收益估價模型（Residual Income Model，RIM法）等。根據企業或每個產業的特性，適用方法也都不一樣，但對於新手來說，只要之後再慢慢熟悉即可。

 股市蟻神的重點課

　　雖然在網站上皆可查詢到過去的 股東權益報酬率，但在計算公式時要套用多少仍須由投資者自行判斷。不過，由於股東權益報酬率通常是四季報的歷史數據，而非未來預測，因此若是一間成長性高的企業，不妨給予較高的合理乘數。

Q&A 問問看，答答看！

Q：某個東西的價值是 1,000 韓元，但大家卻用 2,000 韓元交易，這是為什麼？你會想買嗎？

Q：哪些公司是你認為被高估或是被低估的？

4 | 昂貴價、合理價、便宜價，怎麼算？

企業估值很重要，但到底要以什麼標準來判斷？如果要自己估值，又該怎麼做？

預測企業股票走勢最好的方法，就是密切持續的蒐集資料。除了盡可能的蒐集資料、數據和事實，並與其他人見面討論、交叉驗證以外，別無他法。

——成長股價值投資策略之父
菲利普・費雪（Philip A. Fisher）

估值的標準和方法有很多種，但由於每個人的投資策略或價值都有所不同，因此在股市其實並不存在既客觀又準確的估值。不過，我們務必要確認的就是：**這家公司是否會成長**。例如：營運狀況良好、營業現金流量良好、償還債務能力佳、有投資計畫，如果企業擁有這些特徵，就會是不錯的投資目標。之所以要確認公司未來的發展性，是因為無論是檢視財報、計算股價，還是判斷估值，都是以此為目標。**當股價低於公司的內在價值時，就算便宜、可以買進。**

　　舉例來說，出口表現向來優異的生技企業，通常會依未來的技術趨勢，預測 10 年後的獲利，並進行企業估值。因此，在現行估值之前，我們必須分析自己所關注的企業具備哪些特性，以及該企業未來的營業利益變化。

　　如果該企業的價值在市場上是被低估的，那就要找出其中差異的原因，並且預測未來行情。雖然預測出來的價格在短期內（1 至 2 年）不見得能反映到股價上，但一般來說，只要持續增加營收和營業利益 3 到 5 年，股票的價格就會增加。亦即，股價雖有波動，但只要有持續的收入，最終還是會反映出企業該有的合理價值。

　　接著，讓我們來實際練習估值，以下為基本的計算公式：

> **市值＝本期淨利×10**
> **另一個常用公式：流通在外股數×股價**

　　該公式表示稅後淨利每年有 100 韓元，若持續 10 年就會達到市值。換句話說，只要 10 年，就能單靠利潤回本。這是計算估值的方法之一（按：此為作者由個人經驗所得出的數字）。

> **市值＝ 營業利益×10**

　　然而，由於本期淨利包含一次性的收益（按：業外收入，如

利息、賣掉土地或廠房設備的收益），因此我們通常會用營業利益來求市值。但若是持有多家子公司或是控股公司，用本期淨利計算市值，將更為準確；製造業則同樣使用營業利益來估算（按：避免企業將變賣資產認列為業外收入）。

　　為什麼要乘以 10 ？因為製造業建廠投資一次大多為期 10 年，如果能在 10 年內達到市值，就算是一項合理的投資──而多少年後可以回本，這就是本益比的概念（按：投資成本與企業獲利之間的關係）。

　　除此之外，不同的國家、產業、企業，其本益比也不同。那麼，為什麼有些企業的本益比高，有些卻很低？差異就在於，投資者對該公司前景以及收益的樂觀程度。因為，**本益比與營收、利益和未來發展性相關**。

　　大型製造業雖然投資成本高、收入也相對穩定，但是除非你投資的是獨占事業，否則大多無法在短期內回本。反之，若是遊戲產業，儘管投資成本不高，但只要獲得一次性的收益或不被市場淘汰，那麼該公司就能賺進一筆相當可觀的收入──而這些就是我們要估算出來的企業價值。

假設本益比 = 10

投資 1,000 韓元，若每年賺 100 韓元，

100 韓元 ×10，市值就會成為 1,000 韓元；

投資 1,000 韓元，若每年賺 500 韓元，

500 韓元 ×10，市值就會成為 5,000 韓元。

　　若一家企業設備投資不多、卻有很高的市值，那我們就必須給予較高的本益比。舉例來說，假設我們很看好某間遊戲公司，且該公司在投資初期，在市場就賺了 1,000 韓元，獲得 50％的利益，那麼此時就可以用 500 韓元乘以 50，以市價 2.5 萬韓元來評估這間公司。因為對該景氣有信心，所以才用本益比 50 來計算市值。

> **市值＝本期淨利×股東權益報酬率×100**

　　若公司投資 1,000 韓元，賺了 500 韓元，若將 500 韓元轉入保留盈餘，資本會變成 1,500 韓元；如果再次投資，收益率維持在 50％的話，隔年就會賺 750 韓元，資本加起來就會成為 2,250 韓元，這樣就能算出到了七年半左右，公司能夠賺 2.5 萬韓元。由於公司用這種結構快速成長，公式如下：

> **本期淨利×股東權益報酬率×100＝市值**

　　另一方面，鋼鐵公司、煉油、石化等大規模製造業，亦即本益比普遍在 10 倍以下的企業，大多是因為營業成本高、單價低，毛利率亦偏低。韓國網路公司 NAVER 也是如此，前幾年的本益比雖然有 10 倍以上，但現在卻因為長期營運虧損而下降了。

$$\text{BPS} \qquad \times \qquad \text{ROE} \qquad = \qquad \text{EPS}$$
$$\text{(Book Value per Shares)} \qquad \text{(Return on Equity)} \qquad \text{(Earning per Share)}$$

簡單來說，每股有多少盈餘，都會影響到股價。若盈餘有增加，就可以把那筆錢拿來投資並再次創造收益，股價便會配合這一波反彈上漲。因此，以現在的股價為基準，我們只要判斷股價之後會上升還是下降就好。**買到低點，就意味著可以再賺進更多，怎麼看？只要看營收年增率即可**（按：當營收年增率大於0，代表公司營收穩定上升）。反之，買到高點，就表示日後股價可能下跌，或行業情況變差，股價有可能變便宜。

而從產業源頭去尋找個股，便是投資股票最基本的運作過程。雖然我們無從得知要花多少年才能回本，但只要從產業面、基本面去分析，就可以避開暴漲股，因為你已經知道何謂高點。

> 每股盈餘＝自有資本÷股數×本期淨利÷自有資本

如同上述公式所示，自有資本（股東權益）並不會影響股價，只有當稅後淨利增加或流通股數有變動，才會影響。例如，前面提過的庫藏股（按：用股票回購，使股價上漲）。

> 本期淨利×股東權益報酬率×100＝市值
> 每股盈餘×股東權益報酬率×100＝合理股價

如同在前一章所看到的，只要熟悉這一概念，任何人都能對自己持有的股票進行估值。

乘數是滾動式修正

乘數會隨著市場情況不斷改變，大盤本益比和整體市場狀況也會隨時間變化（按：大盤本益比＝大盤股票市值推計總額 ÷ 大盤股票純益推計總額；當本益比升高，代表人們對該股票的未來預期樂觀），因此我們必須觀察走勢並依據產業特性，來調整乘數。

換言之，乘數並非固定不變，需要配合趨勢隨時滾動式修正。一般來說，美國是 20 倍，歐洲是 15 ～ 18 倍（按：台股的本益比約在 20 到 35 倍）。

圖表 1-30　本益比的使用原則

本益比使用原則大致分成以下：

● **昂貴價**：本益比大於 20，不必急於追高。
● **合理價**：本益比 12 ～ 20。
● **便宜價**：本益比小於 12，可以納入逢低買進的標的之一。

若以聯發科為例（第 51 頁之圖表 1-21），本益比為 12.05 倍（偏低），代表需要 12 年才能回本；另外，每股盈餘為 69.68 元，故合理股價為：504.48 元。

所謂本益比，是指依照企業的盈餘，要持有幾年才會回本。亦即，「本益比乘數 10 = 10 年後的市值」。除了本益比，有些投資者還會再搭配股東權益報酬率，是因為股東權益報酬率能幫助我們看出一家企業的成長性（按：一般不適用於股票估值）。

假設今年賺 100 萬韓元、明年賺 150 萬韓元或甚至是 200 萬韓元，那麼根據企業未來的成長幅度，本益比也可能給到 30 ～ 50。由於企業是會變動的，因此企業的市值也會跟著變動，若 10 年內能夠賺進現在的市值，那麼倍數就可以給到 10。**行業不同，本益比也不同，這和企業的商業模式有關。**

營收是影響估值乘數最重要的因素，若營收增加，企業利益就會增加。當然，有時是因為大量變賣資產而使利益短暫增加。不過，整體上來說，因企業的固定成本不會隨產量變化，因此若投資可以使營收增加到一定水準以上，利益就會跟著大幅增加；或是若要用有限人力來增加收益，因為固定成本不變，營收只要超過一定水準，企業利益亦能大幅增加。

由此可知，在進行**企業估值時，營收、利益和成長性是主要因素。**然而，影響企業市值的，不單單只有企業價值而已，我們還必須依據產業未來趨勢、下游產業鏈、市場競爭、企業的技術研發、RD 投資、甚或是高層人事異動等，來評估企業的未來成長性。

尤其是，人事異動、執行長（chief executive officer，簡稱 CEO）的言行與態度，會直接影響到股價；還有護城河（按：1995 年，巴菲特提出此概念；意思是企業必須不斷創新，保有競爭優勢），也就是企業的技術專利或優勢。

　　除此之外，全球經濟成長、景氣繁榮等總體經濟，也是買賣股票時的考量要點。比方說，韓國的跨國產業有半導體、設備、K-Pop、韓式料理、造船、家電等，都是世界第一（按：臺灣的跨國產業有 IC、製造、電子、生物科技、休閒民生，擁有代工之王的美譽）。

找出未來的乘數

　　以企業來說，企業的內外部環境、總體經濟、市場變數、消費競爭市場的變化、接觸與非接觸等，都會對估價乘數造成影響。因此，我們更應該從上述各種變數，來評估企業日後的發展及乘數。因為根據乘數，企業的市值也會起伏變動。

　　但由於個股的漲跌具有波動性，因此我們無法單獨只討論乘

圖表 1-31

接觸（Contact）：
指面對面活動。百貨公司、超市、表演活動、旅行等公司皆屬於此。

非接觸（Untact）：
在沒有實際接觸的情況下，所做的活動（銷售）。例如：網路遊戲、視訊會議、線上超市等，LINE、臺灣奇摩等網路公司皆屬於此。

※2020 年因新冠疫情，接觸式企業的營收下滑，非接觸式經營則呈現增加。

數，再加上每位投資人的觀點與價值不同，乘數難免出現差異。不過，可以確定的是，當投資者懂得越多，就思考得越深入——如果一間企業的本益比很高，投資者就會往本益比低的股票移動。此外，近幾年隨著美元貶值，美元利差交易（Carry Trade，指外匯上的利差交易，即借入利率較低的貨幣，然後買入並持有較高收益的貨幣，藉此賺取利差）在韓國和臺灣又再度崛起，由此更可看出企業、國家和現金流動有密切關係。

計算乘數時，建議可從以下因素檢視：

- 個體、總體、企業的變化。
- 競爭對手、消費者模式。
- B2B（Business To Business）：企業間透過電子商務的方式進行交易。
- B2C（Business To Customer）：企業對消費者的電子商務模式。
- SWOT：強弱危機分析，分別為優勢（Strength）、劣勢（Weakness）、機會（Opportunity）、威脅（Threat）。
- 市場區隔（Market Segmantation）：將市場細分成小市場。
- 市場目標：要打進哪個領域？優勢是什麼？要怎麼販售某個產品？
- 4P：Product（產品的優勢為何？）、Place（在哪裡販售？跨國還是國內？）、Promotion（要做多少宣傳？要怎麼做、怎麼賣？）、Price（產品價格要定價多少，才有競爭力？）。

① 營業收入、股東權益報酬率，越高越好：估算完股東權

益報酬率（按：判斷企業強弱）後，接著便可以用本益比來進行估值。例如：投資的乘數基本是 10 年，市值 1,000 億韓元的公司若一年賺 10 億韓元，就得花上 100 年，才能達到市值；乘數為 100，也就是以目前來看，投資者需要花 100 年，才能實現回本。

②成長性：企業、產業、下游產業的成長、打敗競爭對手、企業的投資開發和未來的成長性等，皆屬於此範疇。

③人力結構：如果有優秀的 CEO 和公司成員，乘數便較高。此處也包括企業的技術性專利和護城河優勢。

④對外變數：從全球經濟的成長、繁榮、總體經濟變化、消費文化、社會性問題等變數，預測企業獲利。

⑤隨著下游產業鏈的發展，乘數也會產生變化：原本半導體產業的本益比不超過 8，但最近也有人估計 15～20（按：臺灣半導體本益比近 19）。還有，極紫外線 EUV（Extreme

圖表 1-32　EUV 概念股

目前使用於 7 奈米半導體設備，同時它也被認為是拯救半導體先進製程的關鍵技術。

以下為幾檔代表性台股：

證券代號	企業名稱	證券代號	企業名稱
2330	台積電	5434	崇越
3010	華立	6196	帆宣
3178	公準	7556	意德士
3680	家登		

Ultraviolet）產業的成長也令人期待。

那投資新手該怎麼找乘數？如果一年的營業利益是 100 億韓元，應該給予多少乘數？乘數是 10 的話，這樣才合理。

（營業利益）100 億韓元×10＝市值 1,000 億韓元

若某間公司的第一季度業績可能會很好，那就預測第一季度和未來的業績，接著再評估本益比。

對於獲利能力提升的公司，可以給予較高的本益比，而表現普通的公司，則給較低的本益比；本益比要用 10 還是用 20，由投資者自行判斷即可。但我建議要再搭配股東權益報酬率輔以評估，並且參考競爭對手的歷史數值。

我在前面已提過，每股盈餘乘以股東權益報酬率，等於合理股價，亦即，知道 Earning（賺的錢）和 Return（報酬）有多少，就能推算出合理股價。

但要注意的是，以現金增資（按：指發行更多股票來向市場募集資金）使流通股數增加的話，股價會下跌──因股本（Share capital）越多，每股盈餘遭到稀釋，合理股價就只能下跌。

另一方面，由於設備投資只能反映資產的實際成本，並無法反映出公司未來的發展，所以不少投資人會制定出各種公式，但我們現在只要知道基本的公式即可。

之所以用股東權益報酬率，而不是只看本益比，是因為只關注企業的成長性來投資是很危險的。但如果搭配股東權益報酬率

來評估，我們就能掌握企業能為投資者賺取多少利益，而股東權益報酬率高就代表公司很會賺錢、成長性很好。

可以給予較高乘數的企業：

● 營收和營業利益成長的企業。

● 下游產業成長的企業。

● 現金和不動產等安全邊際多的企業。

● 市場占有率增加的企業。

● 透過投資增加 CAPA[8]（矯正及預防措施）的企業。

● 因國家政策受惠的企業。

舉例來說，雖然一家企業的本益比只有 5，但未來的成長性很高，那就可以買進；不過，若是屬於低成長產業，市場對其日後收益成長也不抱太大的期待，那不妨先保持觀望。

如果一間本益比 50 的企業，和其收益相比，市值是被高估的，那麼就不宜買進。但同樣的，若未來獲利備受矚目、收益也有成長，此時就是進場的好時機。

切記，股價沒有一個絕對的數值，企業的乘數只是預估未來獲利所提出的數值。我們甚至可以說，估值不僅是評估企業的綜合性指標，也是一門高深的學問。

---

8 指對存在的或潛在的不合格原因進行調查分析，採取措施以防止問題再發生。

股市蟻神的重點課

　　股價的漲跌取決未來的乘數，計算估值時，要好好檢視個體經濟、總體經濟、企業的變化、競爭對手、消費者模式、B2B、B2C、SWOT、市場區隔、市場目標、4P等。

Q & A 問問看，答答看！

Q：在５年內回收所有投資額的企業，生意算好嗎？

Q：哪種企業能夠給予較高的乘數？

Q：短期獲利高和未來獲利高的公司，誰的本益比比較高？

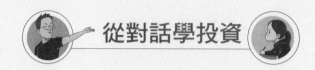
從對話學投資

怎麼看出公司前景？股東利益

對了，我們在書中還提到了「股東利益」，代表企業可以賺多少錢，利晏可以說明看看嗎？如果某個企業的本益比是 10 倍，該怎麼評估該企業的利益？

本益比 10 倍的話，就表示要過 10 年才會成功？

對，也就是說，企業要花 10 年，才能賺到現在擁有的市值和市場價值。

嗯，對。

假設你開了一家餐廳，公司的市場價值是 1 億韓元，如果你能夠在兩年內就賺到 1 億韓元，那就表示經營得很成功。一般來說，即便是非常穩定的事業，最少也得花上 10 年，所以如果能在 2 ～ 5 年內賺到的話，那就真的很了不起。但事實上，本益比低於 2 的企業還不少呢！（按：本益比數字越低，代表越快可以回本）。

真的嗎？

當然，但很多人就算找到本益比低的企業，還是會以投資風險高為理由而不買入。會有這種現象，是因為許多散戶並不懂得企業估值，甚至連最基本的財報都沒學好。

嗯，不過什麼是股東利益？

我們從巴菲特的例子來看吧！巴菲特投資會看現金流，所謂現金流，就是指企業賺進多少現金的意思。巴菲特認為，要以現金流來判斷一切，才能評估出公司的市場價值。但要注意的是，有些財報雖然是負值，不過實際上現金是沒有出去的。你知道有哪些嗎？

這個有點難耶。

以買車來舉例，雖然我們買了新車，汽車的性能或效率並沒有問題，不過企業財務報表上，汽車的價格卻會不斷下降。比方說，我們買車時是 1 億韓元，隨著時間的增加，汽車價值來到 7,000 萬韓元，然後再降到 5,000 萬韓元，成為中古車。把這樣的內容記載在帳簿裡，英文叫什麼？

嗯……。

首先，有個詞叫「Amortization」（攤銷），也就是將無形資產的成本分攤折舊，例如專利權、智慧財產權、品牌價值、營業權等。

哦！

那麼，和 Amortization 相反的單字是什麼呢？

Depreciation（折舊）！

沒錯，Depreciation 是將有形資產的成本分攤折舊，例如：建築、機械、營業用汽車等。但實際上並沒有現金流出，只是把隨時間遞減價值的資產呈現並記錄在帳簿，也就是雖然沒有實際的支出，但還是先記下負值。

一般來說，擴大工廠的營運或投資，會使企業收入增加，但

由於企業已將機器買下，投資也結束了，所以錢並沒有再
支付出去。因此，即使財報將這些資產記為負值，但實際上
卻可能已獲得一筆可觀的利潤。也就是說，帳簿的利益寫著
100 萬韓元，但實際上公司賺的錢更多。

雖然要先投資那麼多錢，但利潤之後會慢慢進來的意思嗎？

沒錯，折舊攤銷會逐漸遞減。但巴菲特堅信折舊攤銷是一筆
真實的支出，而不單單只是帳面上的成本分配。像這樣，只
用現金流計算的就叫「股東利益」。就好比一年賺 100 億
韓元的公司，過了 10 年，會賺 1,000 億韓元，若假設目前
市值是 1 億韓元，本益比就會是 10 倍；但若除去折舊攤銷，
有些企業因為現金更多，帳上就會出現巨大的收益。這就是
透過現金流，來計算股東利益的方法之一。

有點似懂非懂。

我知道這對你來說很難，不過還是要努力去理解。計算股東
利益的方法、現金流及估值等，這些東西只要去學就行了。
當然，雖然只用本益比計算也有盲點（按：很容易讓人誤以
為股價便宜而買進），但因為本益比以財報為依據，因此仍
然具有一定的準確度。新手最好還是用本益比來評估企業，
然後再仔細觀察財報的現金流，這很重要，知道了嗎？

知道了！

不過，在全球疫情肆虐下，巴菲特也認賠出場了，包括金融
股、高盛集團（Goldman Sachs）等跨國證券和航空股。

他說，他從未想過新冠肺炎會引發大流行。之後，他又買進
了日本的貿易公司，以及美國銀行（Bank of America，簡稱

BOA）的股票，但巴菲特忽略了一件事──疫情總有一天會結束。

在美國，因為網路券商羅賓漢（Robinhood）強勁的買進力道，航空股或跨國 IB 的股價很快就回升。這是因為，只要能夠正常生活，航空和觀光股就會恢復正常。所以從結論來看，巴菲特這次確實是看走眼了。

原來如此。

但我認為，從風險的角度來看，他會這麼做不無道理。我到現在也不敢買航空股，理由只有一個，是什麼？

因為現在飛機沒辦法馬上起飛？

沒錯，這樣的話，最大的問題會是什麼？

現金流！

是的！最大的問題就是現金流短缺。企業如果現金流不足，就無法支付員工薪水或是進行投資，如此一來，便會漸漸走下坡。

天啊！

如果要維持公司運作，雖然可以向銀行借錢，但是也得繳交利息，所以現金流是非常重要的。要是現金流周轉不靈，那麼就算公司獲利，也可能會倒閉，所以巴菲特才會認賠高盛和航空股。

不過，令人慶幸的是，那些公司最後在國家財政政策的支援下，終於撐過來了。那些企業要是接連破產，可是會給國家經濟帶來巨大的影響呢！

如果讓員工失業，會成為很大的問題耶。

是啊，人民若失業就不會消費，整個國家最終就會陷入困境。

原來如此。

所以，我們才要阻止這個惡性循環。除 Mini LED 以外，爸爸還注意到一個產業，那就是氮化鎵（GaN）。這是功率半導體材料之一，雖然這個材料的前景備受矚目，但因為股價都已經在高點，所以還不能進場。

再下一個是碳化矽（Sic），這也是功率半導體材料中的一種。這樣的話，我們應該看功率半導體囉？利晏也試著關注這個領域看看吧！即使沒有要立刻進行買賣，但也要持續關注未來有潛力的技術，這是一位成功投資人必備的態度。

知道了！

圖表 1-33　獲利小金雞：LED 概念股

Light Emitting Diode，中文譯為「發光二極體」，是能將電能轉化為光能的半導體元件。目前廣泛應用於發光照明、燈具光源、螢幕背光、顯示，像是手持式照明、醫療照明、車用 LED ／車頭燈，以及筆記型電腦、平板電腦、電視機等。

而 LED 概念股，則是指與「LED 開發與生產」有高度相關或占一定比例的行業或公司，例如：半導體、面板、光電等。目前 Mini LED、太陽能概念股主要有以下：鴻海（2317）、和潤企業（6592）、富采（3714）、浪凡（6165）、元晶（6443）、鼎元（2426）。

5 | 估值先看產業，每個產業的本益比都不同

在評估企業價值時，本益比會依產業而異，那麼我該如何求出每個產業的本益比？這會影響股價嗎？

從短期來看，供需會決定市場價格，但從長期來看，影響供需關係的主要因素則會主導市場價格。

——傳奇價值投資人賽斯·卡拉曼（Seth Klarman）

　　每個產業的乘數和本益比都不同，這是因為各產業都有自己的特性。如果要算出每個產業的本益比，只要將各股的股價和稅後淨利加以平均即可。

　　前面提到的遊戲和娛樂產業，初期設備投資雖然不多，但創造的價值很高，當然就能套用高於平均的乘數。亦即雖然營收很重要，但如果投資者對這間公司的期待很高，那麼也可以適用比當下營收更高的本益比。製藥生技和遊戲娛樂都屬於這類產業。

　　本益比是透過每年度的每股盈餘推算出，需要多少年才可以回本；同時，它會受股價收益率、企業的利益、成長和配息等

影響。一般來說，有三種常用方法：

- 同行業的平均本益比。
- 競爭企業間的本益比。
- 利用過去的本益比河流圖（按：同時比較歷史股價、本益比的直覺式圖像法），掌握目前程度——不能只是單純利用本益比，還要同時採用定性分析方法（按：指投資者依據直覺、經驗，對企業過去及現在的資訊資料進行分析並抽象概括的方法）。

本益比的缺點：
- 不適用於赤字企業或在草創期、獲利較少的公司。
- 出現一次性利潤或虧損時，可能會導致誤判。
- 主流股暫時大幅高於平均本益比。

在對企業進行估值時，可參考目前各產業的本益比是多少，將有助於你決定要給予該企業幾倍的乘數。

圖表 1-34　台股如何查詢本益比？

　　如果想要查台股所有上市股票的本益比，或是查看不同產業的本益比，可至臺灣證券交易所網站查個股的當日本益比。

① 透過臺灣證券交易所網站，查詢個股當日本益比。先按交易資訊。
② 接著再點選個股日本益比、殖利率及股價淨值比（依代碼查詢）。
③ 輸入預計查詢的個股編號，例如台積電 2330。

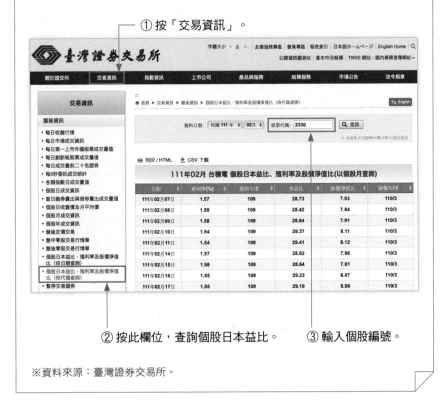

※資料來源：臺灣證券交易所。

股市蟻神的重點課

本益比是股價與每股盈餘的比例，代表一檔股票的回本速度。同時，也會受股價收益率、企業利益、成長和配息等影響。雖然營收很重要，但如果該企業將來成長的可能性很大，那麼也適用於更高的本益比。

Q&A 問問看，答答看！

Q：請試著説明本益比（乘數）的概念？

Q：遊戲公司雖然初期投資費用不高、也能創造高利潤，但風險同時也高；製造業投資費用高、利潤低但能持續經營。這兩者之中，哪一個比較好？

第二章

股海訊息這麼多，
哪些才是真利多？

1 選股，我先想 6 件事

我們大部分都用有形的，比如營收或技術來評估公司，你說有「看不見的東西」，這是什麼意思？這對股票投資很重要嗎？

若你是買進相信未來事業會更好的企業，那就是投資；不過，若你是買進別人也會買下的股票，那就是投機。

——賽斯‧卡拉曼

買股票就像中樂透，總讓人忐忑不安。儘管我們努力去推估企業的內在價值，卻仍然免不了心生動搖，但這份耕耘終究會幫助我們，逐漸「看得到」企業的獲利能力。

所謂「看得到企業」，是指了解一家企業的價值，包括對外的投資，以及看不見的專業技術、市場行銷、護城河等。要挖掘出這些無形的能力、價值，我們往往必須輔以檢視營收、營業利益。這就好比情人眼裡出西施，我們必須看得到、摸得到企業，才能找到好標的。

那麼該怎麼做？數十年來，即使投資於我而言，就像每天都會呼吸一樣，但我依舊每天都會思考以下這些問題：

● 該看無形的價值嗎？

成長股：具成長潛力，但往往價格較高、風險較大的股票。

● 該看有形的嗎？

傳統價值股：價值相對被低估的股票、便宜的股票。

● 該看整片樹林嗎？

總體經濟：與生活息息相關的經濟問題，例如：消費、儲蓄、投資等。

● 該看一棵樹嗎？

由下而上（Bottom-up）：從個股的基本因素選股。

● 該從高山俯視嗎？

由上而下（Top-down）：從總體經濟著眼選股。

● 該看天空的變化嗎？：全球形勢。

現在的股市千變萬化，不僅產業日新月異，技術發展和全球趨勢也是瞬息萬變，甚至一覺醒來，就出現了新的名詞以及相關概念股。光是一天的波動之大，無論是投資小白還是達人高手，

都是幾家歡樂幾家愁。大家還記得嗎？股神巴菲特在 2019 年投資美國食品巨擘卡夫亨氏公司失利，之後又在 2020 年認賠賣出航空股、拋售部分金融股——就連巴菲特也有看走眼的時候。

我的登山投資學

為了順應這樣的時代，我每天都會看投資標的。不過，我也發現，盲目追高讓我慘賠，而原本不抱任何期待的股票，表現卻十分亮眼。這一切都是比別人看得更多、摸得更多的失誤，但同時也是沒有看得更深、更廣所致。

尤其是，近幾年 5G、材料、零件、裝備、非接觸和生技領域備受股民關注，造成大家一窩蜂的跟買趨勢股。然而，當我們盲目的跟隨潮流，反而容易錯過近在眼前的獲利。尤其，在經歷疫情之後，市場上出現不少盈餘驚喜的股票。這些都再再證明，股票投資最終還是要看得廣、看得深，不管是由上而下，還是由下而上。

投資就像登山，不僅要走進森林裡看樹木，還要登上山頂俯瞰整片樹林；有時就連天空的變化，都得留意觀察——比起看不到的東西，更要去觸摸容易看見的東西。

為了看得廣，我們必須反覆確認企業的財報；為了看得深，我們必須持之以恆的研究產業，乃至企業的變化。如果投資人不努力，就有可能隨時在市場中黯然退場。但願各位都能藉由正確的股票投資，獲得財務自由！

圖表 2-1　卡夫亨氏的暴跌

　　2019 年，巴菲特因卡夫亨氏大規模的營業虧損，使旗下的波克夏股票市值一天蒸發 40 億美元（按：全書美元兌新臺幣之匯率，依臺灣銀行 2022 年 3 月之公告均價 28.07 元計算，約新臺幣 1,122.8 億元）。

　　同年 2 月，卡夫亨氏發布 2018 年第 4 季財報，當季淨虧損高達 126 億美元（按：新臺幣約 3,536.8 億元），年度淨利也直接跌入負值。

　　對於此次的巨額虧損，卡夫亨氏表示最大因素是第 4 季受到商譽和無形資產的減值損失，導致高達 154 億美元的非現金減值支出；股價暴跌 27.5%，蒸發了逾 160 億美元市值。和一年前相比，股價整整掉了一半。

股市蟻神的重點課

　　投資就像登山，不僅要走進森林裡看樹木，還要登上山頂俯瞰整片樹林；有時就連天空的變化，都得留意觀察——為了看得廣，我們必須努力不懈的確認企業報告；為了看得深，我們必須去研究產業，乃至企業的變化。

Q&A　問問看，答答看！

Q：任何公司都存在著看不見的價值，這句話代表什麼意思？
Q：這也能套用在人身上嗎？

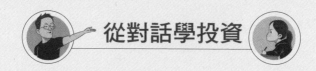

成功企業，一定要有「好名字」

現在我們來了解一下韓國的企業吧？最能代表韓國的企業，有三星、現代（Hyundai）和 LG，這些企業雖然從很久以前就創立了，但發展一直很穩定。LG 最早叫金星社，英文是 GOLD STAR，它曾與一間叫做樂喜（LUCKY）的公司合併經營，各取英文首字就成了 LG，現在才又分成 GS 和 LG。

原來是這樣！

SK 集團在 1990 年代之後迅速崛起，你知道 SK 吧？

知道，就是 SK 電信。

對，你也去過 SK 加油站吧？SK 本來的名字是鮮京。

鮮京？

新鮮的「鮮」和京城的「京」，也就是新鮮的京城。

還挺有意思的。

SK 本來是做紡織的，那你知道卡帶嗎？播放音樂的卡帶？

嗯。

SK 曾經是製造卡帶的公司，之後靠煉油和電信得到了快速的成長。那你覺得 SK 的標誌看起來像什麼？

蝴蝶。

對，但 SK 並沒有公開表示說明，他們只說那是一雙翅膀，左邊代表能源和化工，右邊則代表 IT 和通訊。對了，有蝴蝶商標的還有海力士（Hynix；韓國的電子公司，全球二十大半導體廠商之一：在 2012 年被 SK 集團收購），後來也成了大企業。不過，我也認為它是蝴蝶，因為 SK 還有個蝴蝶畫廊，這讓我想起蝴蝶效應。你知道蝴蝶效應吧？

嗯，一個小小的翅膀振動，就會招致巨大的效果。

沒錯。蝴蝶稍微動一下翅膀，就會帶來很大的影響，即使是非常細微的動作，也能在這個世界引起巨大的變化。所以我認為，SK 的標誌應該多少也有蝴蝶效應的意思。再怎麼說，K 從紡織公司起家，不斷的在改變，從卡帶、通信、化工、能源、半導體，最後成了一間全球知名企業，不是嗎？

對耶。

你還知道什麼公司？

NAVER（韓國目前最大的網路服務公司，主營搜尋引擎業務，旗下控股事業體包含 LINE 等公司）。

沒錯！NAVER 現在的地位可說是舉足輕重，它算是 1990 年代後期最具代表性的成長型企業。NAVER 主要經營哪些方面呢？

搜索和社交平臺。

沒錯，搜索是 NAVER 主打的功能，再來就是社交平臺。那韓國網路公司 Kakao 呢？

下一個世代。

沒錯，就是「Next generation」（下一代）！像這樣，企業的名字都有各自的含義。在松島國際都市（按：韓國仁川廣域市延壽區松島洞內的商務區）有一間賽特瑞恩製藥公司，據說它們是全世界最強的 CMO（Contract Manufacturing Organization，委託製造服務公司）公司。那你知道 Cell 是什麼嗎？

Cell，細胞。

對，那 trillionaire 呢？

很多、很大的數字？

沒錯，賽特瑞恩的名字，就是由 Cell 和 Trillionaire 組合而來的。我認為這代表了公司要治療無數的細胞，打造健康世界的企業理念。利晏的 YouTube 頻道叫什麼？

iANTrillronaire，利晏億萬富翁。

這名稱是要利晏成為億萬富翁，雖然你現在年紀還小，但以後要成為做大事的人，基於這個意義，爸爸給你取了這個名字。我不也是改叫「Super K」了嘛？

對。

我會在 K 上面加上很多意義。有什麼是和 K 結合的？

K-Pop。

沒錯，還有 K-Music、K-Food、Knowledge。

哦！

之所以會加入 Knowledge，是因為我非常樂於和人們分享致富的知識。爸爸想告訴你的是，公司的名字非常重要，名字能夠蘊含一家公司的信念，所以我們一定要看公司的名字

和作為，還有經營那間公司的執行長。

好。

接下來還要觀摩那間公司的未來事業，以及技術能力、競爭對手……投資企業就是要看這些。要不斷觀察企業的名字、RD、生產的產品、有多少競爭力等，這就是投資企業的態度。

知道了！

來整理一下今天的對話吧！選定標的後，就要進行長期投資，而探討企業價值並持續追蹤，就是最重要的投資原則！

如果不深入研究公司，就無法進行長期投資！

就是這樣。要掌握企業名字的含義、標誌的意義等，並且同時仔細觀察其未來的發展動向。

2 ｜ 績優股 3 要點：安全邊際、持續成長，還要有故事

有些公司的產品賣得很好，營收表現也良好，但如果利潤很高的話，還可以買進嗎？即使現在價格很好，未來也可能會走下坡，這又該怎麼判斷？

當其他人盲從積極買進時，我們更應該謹慎行動；當其他人因為恐懼而什麼都不做，或是恐慌拋售時，我們更應該積極行動。

——橡樹資本管理（Oaktree Capital Management）
聯合創始人霍華・馬克斯（Howard Marks）

　　在買入一檔股票前，一定要看業績表現。而在市場買賣最基本的就是，你必須比別人更快的判斷出，該企業是成長還是退步，而且還要有自己的選股標準。雖然每個人的標準不一，但我認為只要滿足以下三點，就是績優股。

① 營收增加，但要預留安全邊際

　　基本上，營收增加的企業通常會是不錯的投資標的。當然，

在操作股票時，最好還要預留安全邊際，才能買到更安全的價格。但如果只注重安全邊際（按：替預估的股價打折扣；如果預估股票真實價值為 100 元，但實際只花了 70 元，安全邊際就是 30 元），有時反而容易錯失成長股（按：因大多數的優質企業，往往有較高的價格，因此投資機會相對較少）。

圖表 2-2　安全邊際，怎麼算？

　　股神巴菲特曾說安全邊際是一道經濟的護城河，更堅持有足夠安全邊際才會出手。但他認為，所謂的安全邊際，並不需要達到 100%，一般只要達到 80%，就能有效降低投資風險。

計算方式：
安全邊際 = 股票內在價值 − 股票市場價格

價格判斷：
價值 >> 價格，安全邊際相當大。
價值 > 價格，安全邊際較小。
價值 = 價格，安全邊際不存在。
價值 < 價格，安全邊際不存在、且是負數。

---

② 持續性的成長

　　獲利能夠持續成長，也是所謂的潛力股。

　　就算沒有超級亮眼的表現也沒關係，但投資人必須看出企業是否具備這個能力。除此之外，相關下游產業鏈是否有成長潛力，也是觀察的重點之一。

③ 股票要有故事，還要夠簡單

任何企業都有故事，股票也不例外，而且故事最好簡單到，你能用一個單字說明。尤其我們生活在資訊爆炸的現代，被大眾搜索、提及的次數，以及人們的關注，都是決定股市走勢及報酬的最關鍵因素，因此我們必須時常關注市場消息的變化。

比方說，「這支股票為什麼便宜？」、「和競爭廠商相比，有多少競爭力？」、「下游產業好嗎？」、「大股東是什麼樣的人？」、「有沒有積壓待發的股票？」、「在全球有市場嗎？」等。投資人除了要能提出這些問題，也要能夠快速回答出來。

圖表 2-3　積壓待發股票（Overhang）

在股市中可以成為待售股票的潛在剩餘數量。指機構或債券團在股價上升時，為了實現差額而保有的大量股票。

除了可轉換公司債或附認股權公司債（Corporate bond with warrant）等可轉換為股票的待售股數，另外還有當大股東撤回對該企業的投資時，在場內被釋放出來的大量股票。

積壓待發股票的缺點是，當供應量增加，會因為帶動強勁的拋售，從而使股價下跌。

成長價值股

依我的建議，如果是新手，不妨採用由上而下的選股方式。什麼是由上而下？就是先看產業概念，也就是概念股，在眾多資訊或新聞中，找到具有未來前景的產業群。挑公司就不容易了，

更遑論研究產業，即便是股票高手，也得下足功夫。所以，這也是為什麼，很多人都說投資者必須成為全方位專家。

我因為工作的關係，在 IT 相關產業做過創業投資和市場行銷策略，因此對各種領域都略有涉獵。

然而，儘管如此，我有時還是會跟不上市場變化，特別是在有機化工領域、BT（Bio Technology，生物科技）方面，我仍然必須向專家尋求協助。

而且，即便是成長可能性很大的概念股，也有一定的失敗風險。以生技概念股為例，若研發新藥成功的話，或許可以創下 10 倍以上的投資報酬，但因為 100 家企業當中，成功的往往只有兩到三家，所以我也看過不少企業因期間諸多變數，導致公司財務虧損、甚至倒閉。因此，身為投資人，在期待值和上漲機率尚不明確的情況下，就重押或梭哈是很危險的，這種行為就和賭博沒什麼兩樣。

另外，若要選定產業，就必須深入研究相關技術，並且閱讀所有的市場展望資料。因為只有選對產業趨勢，你才能讓股市變成你的搖錢樹。

假設，現在有 10 家企業都和某個潛力產業有關，那麼你就要去瀏覽那些公司的網頁，以及所有的報告和相關新聞等，然後篩選標的。而且，不管是國內還是海外，最好都要用谷歌搜尋新聞。因此，觀察一個產業、一個概念，並不是件簡單的事，需要付出很多努力和時間。

像這樣選定企業後，為了眼見為憑，接著還要親自去參訪企業。而此時，不妨和投資風格較為保守的朋友一同前往。因為每

個人都有自己的投資盲點，如果能適時的參考別人的意見，選股的考量也會更周到謹慎。除此之外，也要閱讀各方專家對該企業的意見和文章。換句話說，**想要提高股票比重，就一定要讓所有疑慮都消失才行。**

想要獲取高報酬，我們不需要買很多檔股票，而是選擇和集中。為此，我們必須對持股有高度信賴。然而，這也是成長型投資的最大缺點──忙到一天也不得閒。因為公司在快速成長的過程中，往往會發生很多問題。

在過去，不少投資人都認為，傳統的價值型投資非常方便，即使只看企業的資產價值和投資報酬率，景氣好的時候也能迅速反映到股價上，使股價上漲；而且，因為企業的經營較為穩定，因此要推測或分析每一季的收益並不困難。

如今卻不同，因為長期低成長的經濟環境，導致傳統型價值股已成為過去式。不僅如此，只要失敗一次，就會被踢出市場。再加上，由於整體下游產業低迷不振，我們很難只看數字就進行投資。換句話說，面對如此艱辛的投資環境，投資人絕對不能偷懶。

在慎選標的之後，接著就是決定資金投入的方式，此時一定要做好資金配置。尤其是成長股，一次就投入大量資金是很危險的，最好是逐步提高投資比重。

最後，如果你非常信任該公司，那麼就請抱著信心，耐心等待下去。當然，這不是叫你什麼都不做，而是要持續追蹤股票動向。在這個過程中，這些努力會產生相信的力量，並幫助你撐下去，尤其是成長股。

業績是展示成長的指標

　　業績是股價的指標，同時也是展現企業成長力道的依據，所以我們必須對數字有高度的敏銳度。例如，藉由觀察個股的營收，找出未來的產業動向，或是被隱藏起來的訊息（如未來的成長性）。當然，不只是以前的業績，投資者還要能夠預測未來行情，並且持續追蹤，這才是成功的祕訣。

　　業績是一季公布一次，而一年有四個季度（按：臺灣常用Q1、Q2、Q3、Q4，分別為1～3月、4～6月、7～9月、10～12月）。如果你對某間企業有興趣或是已持股的話，那麼在季度數字公布之前，不妨事先預測看看或是找相關新聞來參考。之後，再至企業公告查詢營收即可。

　　此外，一到財報季，各證券商或電視新聞也會進行相關報導，因此要取得營收數字並不困難。

　　透過這些資料，你可以將有興趣的企業另外做成剪報，一個個仔細的查看，然後再到 HTS（HomeTrading System，韓國網路交易系統；類似臺灣證券商的看盤軟體）或金融類的入口網站，蒐集企業相關情報及其財務資訊。例如：營運項目、主要營收來源、競爭對手、市場規模、企業成長性。除此之外，也要確認發行總股數和單日交易量等股票資訊及特點。

　　如此一來，不僅能掌握到各行各業的最新動態，還有助於培養我們對實物經濟的敏銳度。這是因為，表面看到的東西往往有別於實際產業的狀況（業績），但藉由營收數字卻能讓我們保持客觀。

　　除此之外，這也可以幫助我們找出被低估的績優股。只不過由於財報資訊是公開的，人人都能輕易取得財報資料，所以，我們一定要掌握先機，一旦判斷這是支好股票，就要搶先買進；即使沒有立刻買進，也要持續觀察，並在日後每次發表季度業績時，加以確認及追蹤。

　　基本上，每一個季度的財報都要看，最好還要能提前預測行情，因為如果市場預期不高，都會提前反映在股價上。恕我重申，買賣股票就像呼吸，也就是我們要將投資知識內化成自己的東西。而為了不失去敏銳度，持之以恆就是最好的準則。

　　沒有人可以百分百預測未來，就算是再好的股票，也有可能暴跌。我們唯一能夠做的，就是掌握當下的市場，然後以企業現有的財務或技術相關情報來操作。

　　重要的是，不是只預測一次，而是要持續不斷的努力，以逐漸提高準確度。股市的世界充滿了各種風險，隨時都有可能讓你的內心產生動搖，若要穩如泰山，就必須提前做好功課，並奠定自己的投資原則。

利用電子公告

　　財報就像企業的成績單，在投資之前，務必逐一確認每家企業的財報。以下讓我們來看看財報四季發表的時間點。

- 第 1 季：在每年的 5 月 15 日以前公布。
- 第 2 季：在每年的 8 月 14 日以前公布。

- 第 3 季：在每年的 11 月 14 日以前公布。
- 第 4 季：在隔年的 3 月 31 日以前公布。

圖表 2-4　到哪裡看業績報告？

① 首先，先到公開資訊觀測站，點擊基本資料 → 電子書 → 財務報告書，接著於方框內輸入股號、年度。

② 輸入股號

③ 輸入年分

④ 找到電子檔案，即可下載查看。

※資料來源：公開資訊觀測站。

股市蟻神的重點課

　　想要獲取高報酬，我們不需要買很多檔股票，而是選擇和集中。為此，我們必須對所持有的標的有高度信賴。然而，這也是成長型投資的最大缺點──忙到一天也不得閒。因為公司在快速成長的過程中，往往會發生很多問題。

Q&A　問問看，答答看！

Q：你有想要投資的公司嗎？

Q：請寫下公司名字，並列出相關情報。

Q：公司的成長會持續不斷嗎？還是會受社會變化的影響？

3 聽市場預期會漲到多少，你就等著被割韭菜

財報發表後，要如何判斷股票會漲還是跌？有可能事先預測股價再買入嗎？

所謂的投資，是透過仔細且完整的分析，來確保本金的安全，並獲得令人滿意的報酬。若非如此，便是投機。

——班傑明・葛拉漢

財報表現是否優於預期，是觀察股市的重要指標。想要成為具備敏銳洞察力的投資人，就必須學會根據業績數字，判斷個股走勢。

有些公司在公布財報後，其股價便瞬間暴漲，這是因為營收表現會帶動股價上漲。因此，若我們能事先探訪企業，或是提前得知營收利多的消息，就能創下一筆相當可觀的報酬。

換言之，投資者要找出最佳買點、賣點、加碼點，業績預測或市場預期，是相當重要的指標。

因此，我們必須經常確認財報、營業利益，和股價的漲跌幅

度。如果市場預期企業業績將成長，那麼投資人的期待就會事先反映在股價上，因而使股價上漲。

但這種狀況，也可能會因為股價反應的力度已經差不多（實現價差獲利後進行拋售），進而造成股價下跌。

操作買賣關鍵的策略之一，就是發掘出每季度被市場低估的股票，然後買入並持有。若該企業未來的業績持續看漲，就該續抱，直到業績出現轉折或是下游產業不振，再停損離場──這就是所謂的價值投資（按：最早由葛拉漢所提出）。

亦即，判讀市場預期並適時修正，且對業績數字保持高度敏銳，這才是真正的投資。

圖表 2-5　市場預期（Consensus）

字面上的意思是「意見一致」或「協議」。在金融業工作的投資分析師會撰寫關於企業的報告（預測值），並將當中信賴度最高的意見加以統整，市場預期即為綜合這些意見而獲得的最終預測報告。

舉例來說，A 企業的市場共識是 1,000 億韓元，但如果業績出現 1,500 億韓元，那就叫「盈餘驚喜」（earnings surprises）；反之，若業績出現 800 億韓元，那就稱之為「盈餘衝擊」（earnings shock）。

　　在公布業績之後，股票一般分為三種：業績好、業績差，和可能下市的股票。無論是哪一種，我們都必須判斷之後的股票走勢，是暫時下跌的回檔（按：交易市場中某檔股票在連續上漲，買盤力道漸弱，使得股價下跌，詳見第 241 頁），還是會一路下探低點。尤其是，某些企業因長期虧損而使股價低迷不振，之後卻突然翻盤上漲。相反的，如果企業每一季度都出現嚴重負值，則很可能是沉沒成本所致（Sunk Cost，已經付出且不可收回的成本）。

　　我們要對標的有信心，因為投資人的預測大多會反映到股價上。另外，還要特別留意，若是財報慘澹或現金流不穩定的企業，經常刻意延遲公告財報，就會有風險。

　　有些企業會在收盤後或週末時，突然發布業績報告。反之，也有企業即使業績創下新高，卻刻意選擇在最後一天收盤時才公布。業績創下新高明明是好事，但企業卻選擇在收盤後才發布，我認為這種企業大多不會重視股東價值，而這也是阻礙韓國股市活絡的原因之一（按：近年來盛行的 ESG 永續經營，便宣示企業不應再單單將股東價值最大化，而是要以公司所有人、社區、國家的成功創造利益）。我衷心盼望將來有更多的企業重視股東價值，而股東也能透過投資向企業展示影響力。為了股東們用心管理股價的企業，才有同行價值。

　　有不少散戶會根據市場預期的停損點而拋售股票，或是僅憑業績好就買進股票，但由於市場預期是主管機構或分析師們所做的預測，因此倘若過於信任市場，反而容易遭受損失。換言之，市場預期只能當作參考，仍須運用自己所學到的投資技巧。

圖表 2-6　開盤漲停

　　股市一開盤就來到漲停板的現象，線圖呈現為一點而不是 K 棒。開盤價與前一天收盤價相比高於 30% 時，稱為開盤漲停板。相反的，若從較前一天低 30% 的位子出發的話，就叫開盤跌停板。買進開盤漲停股票的話，隔天上升的機率通常有 60%（按：臺灣證券交易所於 104 年 6 月 1 日起，將漲跌幅度從 7% 放寬至 10%，代表在一天之內，任何股票只能漲 10% 或跌 10%）。

 ## 股市蟻神的重點課

　　操作買賣最關鍵的策略之一，就是發掘出每季度被市場低估的股票，然後買入並持有。若該企業未來的業績持續看漲，就該續抱，直到業績出現轉折或是下游產業不振，再停損離場。而這就是所謂的價值投資。亦即，判讀市場共識並適時修正，且對業績保持高度敏。

Q & A　問問看，答答看！

Q：你有想親自確認業績的企業嗎？

Q：怎麼判斷公司的業績變好？還是變差？

Q：我和你的預想一樣（或是不一樣），你有什麼想法？

4 | 新手，先研究一、兩支股票就好

很多人都會看新聞買股，請問該怎麼判斷新聞是真是假？

「世界上最笨的事情，就是看到股價上揚就決定要投資一檔股票。」

——華倫・巴菲特

　　我們可以從新聞、公告或報告，觀察到從財報上無法得知的企業活動、好消息或壞消息。因此，如果你有正在關注或投資的企業，請務必經常確認相關情報，這能夠幫助你做出重要判斷。

　　首先是確認真實性，比如在中秋連假之前，通常會出現股市下跌的新聞，但以實際統計來說，六次之中有五次是上漲的。但令人意外的是，儘管投資假新聞滿天飛，甚至還出現過「3 億大股東轉讓，差價課稅問題造成股市崩盤」，這類的假消息，仍讓不少投資人信以為真。

　　另外，也有不計其數的預測性新聞，像是市場會因美國大選而出現大幅調整，結果呢？

美國和韓國市場都創下歷史新高價。換句話說，**預測新聞既無法符合事實，也不具準確性。**

然而，即便如此，人們還是經常會受到假新聞或預測新聞的擺布。因此，若想成為專業投資人，就必須保持理性思考，並且仔細的確認事實。尤其是頭條新聞速報，一定要親自查證清楚。

另外，在媒體報導上，我們經常會看到「公告」這兩個字，針對公告不實的制裁也時有耳聞。

那麼，什麼是公告？

所謂的公告（Disclosure），指的是將企業的事業內容、財務狀況或營收業績等事項，公開傳達給股東、債權人、投資人。

其目的在於，透過股市交易相關資訊的公開，以形成公平價格；為保護股東和債權人的權益，需備齊並公開公司章程、股東名簿、會議記錄、財務報表、營業報告書和審計報告等。

至於，在證券交易方面，公司同樣必須依法向投資人提供，與經營相關、且會影響股價的消息，以引導投資人做出公正的股價決定。主要內容包含公司的事業內容、財務事項與營收業績等，特別是董事會更替、股本變動、新技術研發和進軍新事業等資訊。

要從經濟新聞裡獲得什麼？

股市基本上是個資訊不對稱的市場，即便我們可以從中獲取情報，但獨立判斷的能力依然不可或缺。為此，對股票的基本認知就顯得格外重要。雖然要把一支股票的財報全部看完，至少要

圖表 2-7　企業公告

　　企業公告分為「發行市場公告」和「市場流通公告」。「發行市場公告」是為了發行有價證券，以投資人為對象所做的一次性公告；「市場流通公告」則是以參與投資流動市場為對象所進行的公告。即，向現在的股東、債權人和未來的投資人公告在判斷投資時需要的投資情報。

　　上市和登記法人若不誠實履行公告義務，會受到制裁。共有以下三種狀況：

● 不履行公告：未在申報期限前履行公告。
● 否定公告：全面取消或否認已公告的內容。
● 公告變更：既有公告內容變更一定比例以上。

　　若有上述不實公告，將會受到停止買賣交易、指定管理股票與廢止上市等處分。

花上 30 分鐘，觀察產業有時甚至長達 1 ～ 2 年。儘管如此，股票的知識與投資成果息息相關，只要我們腳踏實地的累積，並逐一分析個股，我相信，掌握時代趨勢以及市場變化一點都不難。

　　若能擴展產業知識，在投資上就能夠獨具慧眼，比別人更快找到潛力股──而這也將成為你最為穩固的投資根基、大獲成功的投資祕技。雖然一開始會很辛苦而且需花費許多時間，但只要堅持下去，一定能讓你更快掌握產業動向。

　　首先，請各位平時一定要收看新聞，並經常想像未來即將崛起的產業。比方說，當電視正在報導物聯網時，你就可以進一步

思考：如果物聯網時代來臨，世界究竟會變成什麼樣子？在手機行動支付、AI 智慧管家盛行的現代，下一波人們會關注什麼？會不會是網路安全？

如果下了這樣的結論，那就去尋找相關企業或新聞，確認自己的預想是否正確。

像這樣，一邊查詢產業資料，一邊探索相關企業，然後套用估值，建立屬於自己的股票名單；經常用好奇心去觀察世界，去想像、預測，並且持續追蹤、調整——這就是一位投資人該有的態度。

尤其是，當預測切中時的那份喜悅，箇中滋味只有投資人才懂。如此關注並支持一間企業的成長，以及和企業共同體會成果，真的是一件非常有意義的事。

那麼，產業要怎麼看？如何判斷產業的前景？

一般來說，產業概念股有很多種，例如：環保概念股、政治概念股等，但因為這個時候的股價通常都會暴漲，所以如果跟風買進的話，失敗率會非常高。反之，能夠在大眾跟風買進以前，就分析出被低估的企業，並決定買進價格和比重——這才是高手的祕笈。

在此，我有一個好方法，可以讓投資小白快速累積實戰經驗，那就是試著寫下屬於自己的報告。以下讓我們來舉例說明。

假設，我們現在要找無線充電概念股，該怎麼寫報告？

首先，請查閱多篇相關企業的報告，然後將不懂的單字另外列出來。在了解相關企業技術和護城河之後，再根據預期的營業利益做估值。

　　這時，最好連同財報一起看，並且試著預測下游產業。若下游產業的發展能夠漸入佳境，公司沒有理由會不好。其他會計學方面的知識，只要慢慢累積就行了。

　　若看到好的股票，就把報告影印下來，試著寫一份屬於自己的「明牌」報告。全部寫下來之後，問題就會逐一浮現，也就是邊學邊寫。最後，再以這份報告作為買賣的依據。

　　此外，你也可以將自己的報告，上傳至各社群或網站。此時，千萬別有所顧忌，因為當你能夠得到別人的贊同，那就表示你的投資想法與市場一致；相反的，若遭到他人批評，那就代表你對該產業的了解還不夠深入。

　　簡而言之，讓自己的報告接受驗證，並透過他人的評價，同時改善自己不足的地方。若自己的報告預測正確，那就可以依照自己的投資計畫，照表操課，最後再以目標價賣出。

　　反覆執行上述過程至少３次以後，你就再也不是被收割的韭菜，而是真正的投資人。之後，只要用自己的方式，打造出屬於自己的投資組合，並抓準時機買賣即可。不過，由於每個人的投資性向、現金流、資產規模等都不同，投資這件事並無法假以他人之手。

　　要特別注意的是，因為相關下游產業或技術非常複雜，所以不少散戶都會以別人的投資觀點來操作。但是，這麼一來，你會很容易受到動搖。請記住，進行任何買賣都是自己的責任，而投資者有沒有自信，差別就在這裡。

　　如果你是新手，我建議可以先深入研究一至兩支股票，這是因為新手缺乏經驗，因此不宜分散投資。除此之外，尤其要避免

過於躁進，導致後繼無力。能力是累積而成的，即使初期進步較慢，但只要持之以恆，就能累積實力並提升速度。

在選擇標的時，請將目標設定為報酬率設在 100％以上。無法達成嗎？當然可能，只是你還沒發現而已——面對變化萬千的市場，我們要將別人還沒看到的好企業，趁它們競爭力尚且不足的時候，把這些個股放進一個籃子裡——但絕對不能在高點跟從買進。

所有的投資先機，都來自勤做功課

買股最重要的是，當市場出現利多消息時，要迅速決定該怎麼行動，也就是必須掌握先機，然後下決定。情報規模及波及效果、會給業績帶來多大的影響等，我們必須針對這些問題，在盤中迅速判斷是要賣掉還是加碼。

隨著該議題是一次性，抑或是會持續拉動市場的話題，股價趨勢也會有所改變，因此要快速判斷並採取行動更是不易。尤其是，許多散戶很容易被消息操控——聽到好消息就買進、聽到壞消息就賣出；相反的，即使是不好的新聞，這些人也會因無法判斷而陷入無法拋售、受下跌重創。

若想做出迅速的判斷，平時必須對企業有充分的研究，倘若已經充分預料到未來業績會有所改善，那麼即使價位較高，投資人也能自信的買進。

高效選股的方法

　　最近，只要用 HTS 設定篩選器，就能按照自己的標準輕鬆查詢股票。初步篩選出清單後，首先可分別檢視企業的財報。比如，該企業是否具有技術性的護城河、是否有發行可轉換公司債或附認股權公司債，接著定下市值的價格範圍，再次進行篩選。

　　不管是網路或財經談話節目，都有很多企業資訊，但要注意，專家們報的明牌卻未必正確，我們仍必須仔細觀察。

　　假設現在市場正在關注「5G」，我們也可以在網路上搜尋相關類股，再從中篩選出標的。

　　換句話說，我們要善用網路、專家報告和股市經濟節目，不過挑選投資標的、確認企業，仍然必須由本人執行。

 股市蟻神的重點課

　　股市基本上是個資訊不對稱的市場，即便我們可以從中獲取情報，但獨立判斷的能力依然不可或缺。為此，對股票的基本認知就顯得格外重要。

Q & A 問問看，答答看！

Q：有哪些報紙或電視節目是與投資、經濟有關的？
Q：請找找看與標的相關的新聞。
Q：假設你今天買了某間企業的股票，請試著確認該企業的股價走向。

5 | 想搭政策順風車，
小心被甩下車

若政府有重點推動的財政政策，這會給股價帶來影響
嗎？如果會有好的影響，那麼其他非受惠類股的價格會
下跌嗎？

社會是為了其成員的利益而存在，而不是其成員為了社會
的利益而存在。

——英國哲學家赫伯特・史賓賽（Herbert Spencer）

在韓國股市，曾有句格言：「不要反抗政府的政策。」我們
可以從政府強力的政策推動讀出未來產業的趨勢，而這也直接關
係到相關企業的發展，因此投資人一定要留意。尤其必須迅速判
斷出優先順序，搶占受惠企業。證券相關新聞中，往往會出現
「政府受惠股」這類標題的新聞，這就證明了政府的政策會給股
價帶來影響。

那麼，財政政策會給股價帶來何種影響？

首先，在政府公布政策之後，隨之而來的便是各種國家補助
方案，因此相關行業和企業自然也能夠受惠。例如，李明博（按：

韓國第 17 任總統）政府時期，建築業和機械產業持續上漲；朴槿惠（按：韓國第 18 任總統，因親信干政事件被判處有期徒刑 22 年，近日獲得特別赦免）政府時期，IT 股和軟體業則造就了韓國經濟的榮景。換言之，在政權交替之際，我們必須配合總統候選人的競選政見或政權交接委員會（按：此為韓國特有的機構單位）發布的政策，來分析相關行業和企業，即使沒有買進相關股票，只要不與政策背道而馳，通常就不會失敗。

特別在文在寅（按：韓國第 19 任總統）政府時期，市場將新政組成基金，並將 BBIG K- 新政 ETF（按：由 12 支股票構成，領域橫跨生技、充電電池、網路與非接觸、遊戲）商品化，而資金的大幅流入，除了使受惠股上漲，同時也帶動了相關產業的股票；金融圈也推出了多樣相關商品，接著還宣布了韓國版新政基金計畫。

新政基金分成：政府出資、年金基金出資，以及民間金融企業出資。政策型新政基金除了以 2021 年 3 月籌集 4 億元為目標，還針對公共機關參與中小型創投企業，組成了「地區新政創投基金」（按：由政府財政出資 35%）。

如此一來，不僅所屬產業及相關產業能受惠，因投資金額流入股市，股價的上漲也令人期待，這就是為什麼在投資時，我們一定要看政府政策的原因。

然而，並不是只要是政策股，就可以穩賺不賠，我們還是要密切分析。尤其，在選擇股票時，**投資者們往往忽略長期持有的股票價值**。雖然這個過程並不容易，但價值投資確實是可以長期獲利的。相反的，在其他投資中，不管是金融商品、不動產，還

是風險投資等，則相對缺乏收益保障。因此，就算要花上很長一段時間，我們也不能放棄價值投資。尤其是，下游產業有時也會發生供不應求，或是出現技術能力不足的問題，因而導致企業失去市場競爭力。

即便是近年來最熱門的半導體極紫外線（EUV）微影技術，也沒有人可以預測出哪間企業會成為領頭羊。儘管有些散戶會追蹤 S&S Tech（光罩生產商）、FST（Fine Semitech，光罩護膜製造商）等相關企業的技術變化（日 K 線圖，請參考第 125 頁圖表 2-9），並期待藉由這些設備讓 EUV 微影技術嶄露頭角，但由於投資者們無法確定這些企業最終能否受惠於政策，所以大多也無法採取集中投資標的策略。

另一方面，這類企業因股價早已提前反應在基本面，此時大多也無法預留安全邊際（按：因股價通常已在高點）。

韓國醫療診斷產品製造商 Seegene，就是最好的例子（請參考第 125 頁圖表 2-10）。雖然該公司因新冠疫情用檢測試劑，市場預測其營收將超過 1 兆韓元、營業利益超過 7,000 億韓元，但實際上，Seegene 的未來取決於新冠疫情——這是任何人都無法掌握的。

當然，也有企業能夠確定預期收益，但這些大多是來自具有安全邊際，同時將來事業已經定案的公司。

訂單能見度要高

這個情況是指公司已經拿到了訂單，能夠確定將來幾年的營

收和收益。假設這家公司已經確保將來 5 年內的營業收入和營業利益，那麼每一季的營收和營業利益就會得到增長，這當然也會事先反映到股價上。

搭順風車，找隱藏版飆股

這是指事業開發已經敲定的情況。例如：在政府政策敲定新亭洞（按：位於首爾陽川區）開發之後，我們就可以大膽預測新亭洞開發這一工程，將帶來比市值高出 4 倍左右的收益。雖然開發案的完工日尚未定下來，但因為該收益已經是確定的，所以也會反映到股價上。

雖然這些預期收益並沒有確切的時間點，但以長期投資來看，這將會帶來最為穩定的報酬。不過，大部分的散戶往往都是等到股價狂飆時才感嘆：「哎呀！當時應該投資的！」殊不知，已經確保的未來收益不僅最安全，而且還會帶來更高的報酬。

接著，請看下頁圖表 2-8。無論是再怎麼有潛力的企業，以這張 K 線圖來看，其價格正處於暴漲的狀態，幾乎沒有安全邊際可言。縱使該企業的技術被採用，也會因為競爭者的出現，導致其營收規模難以掌握。

一定要記住，在股票投資中，**雖然有時也可以搭上熱門概念股的順風車，但也有可能從車上掉下來。**既然如此，倒不如走得慢一些，只要走得安全、走得正確，距離目的地也就不遠了。

與此同時，我們也不要忽略了——具有預期收益保障的股票，務必裝好裝滿。

圖表 2-8　S&S Tech 日 K 線圖

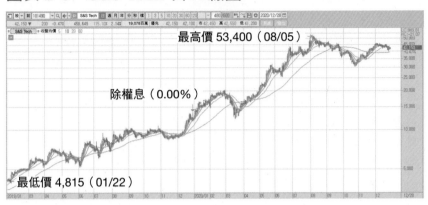

最高價 53,400（08/05）

除權息（0.00%）

最低價 4,815（01/22）

圖表 2-9　Fine Semitech 日 K 線圖

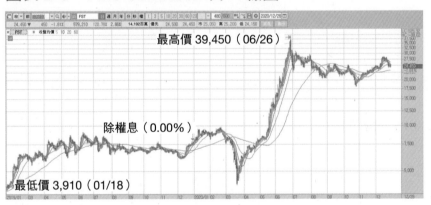

最高價 39,450（06/26）

除權息（0.00%）

最低價 3,910（01/18）

圖表 2-10　Seegene 日 K 線圖

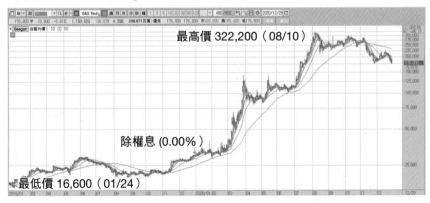

最高價 322,200（08/10）

除權息 (0.00%）

最低價 16,600（01/24）

股市蟻神的重點課

經濟和政治息息相關，政府決定政策之後就會有很多國家性補助，因此相關行業和企業會有所發展。若在政權交替之前，分析總統候選人的競選政見或政權交接委員會發布的政策，就能減少失敗。

Q&A 問問看，答答看！

Q：政府的政策為什麼會改變未來？

Q：要根據政策投資嗎？還是照自己的計畫來做比較好？

6 | 普通股 vs. 特別股，
哪個賺比較多？

在股市，經常會看到「優先股」這三個字，這是什麼意思呢？它和一般股票有什麼差異嗎？

購買股價合理的卓越企業，勝過購買股價便宜的平庸企業，而購買流通股票就和收購公司一樣。

——華倫‧巴菲特

　　不論是誰，只要持有該企業的股票，就算只有一股，也是該公司的股東。所謂股東，並非單純只是持股人，而是同時保有「表決權」，能夠影響企業的經營和企業未來的人，也就是能夠在股東大會裡表達意見的人。

　　召開股東大會前，企業會停止變更股東名簿，也就是停止股票過戶（按：停止過戶的最後一天，也就是除權息〔除權是股票股利、除息是現金股利〕基準日），這是為了確保股東可以在大會中行使表決權，以及領取股利和其他權利的權限。但要注意的是，以除息日為基準，只有在除息日以前被列入股東名冊或買

進、持有公司股票的投資人，才能夠參加股東大會或是得到配息（按：台股大多是一年配息一次，時間點落在 7 月到 8 月）。

這個規定，是為了在買賣股市中，確定擁有股東大會表決權及除權息權利的股東名冊——誰可以在定期舉行的股東大會上，針對企業的意見和提案表示贊成或反對。

圖表 2-11　股東大會（General Meeting）

由全體股東組成，對公司重大議案及商業法規進行決策的大會。各股東每股有一表決權，在行使表決權方面，可以直接參加表決，也可以填寫委託書，透過代理人行使表決權；持有兩個以上股份的股東，也可以行使不同的表決權；若持有的是無表決權的股份，則無法參加股東大會。

若要召開股東大會，企業應於股東會召集通知日前，將日期和議案決定通知提案股東。對股票持有數在發行股份 1% 以下的零股股東，公司得以透過金融監督院或是電子系統上傳公告，代替召集通知書（按：臺灣為「公司依公司法規定公告資訊站」）。另外，臨時股東大會可由零股股東直接召集，但以上市公司來說，持有包含沒有表決權的股票在內，股票數在發行股份的 1.5% 以上的股東，才有資格要求召開。

股東大會每年召開一次，上市公司確定財務報表等資料後，需於上一個會計年度結算之後的 6 個月之內舉行；並確定包含除權息規模在內的財務報表、董監事選任及決定報酬限額等。股東大會大多數適用普通決議（過半數股東出席，且出席股東表決權過半數贊成），但變更章程、資本減少（減資）、轉讓經營、解僱董事等內容，則需進行特別決議（過半數股東出席，且出席股東超過 3 分之 2 以上表決贊成）。

普通股和特別股的差異

最大的差異在於有無表決權。**普通股每股有一個表決權，特別股則沒有表決權**，不過特別股（Preferred stock，亦稱優先股）在報酬、配息及剩餘財產分配等財產內容方面，都優先於普通股。企業會依據情況發行普通股，也會發行特別股。

接著，讓我們再仔細了解一下。

普通股就是一般的股票，只要想成是企業為了募集資金所發行的股票就好。而持有普通股的投資人，除了可按其持股比例在股東大會上，對董監事的選任及其他議案行使表決權，也能分配到股利。

如果公司只發行一種股票，那麼就都是普通股，沒有必要加上特別的名稱。

普通股以共同承擔公司經營風險為前提，因此事業狀況不佳時（當期淨利為負值），股東就無法得到配息；當公司破產清算時，剩餘財產的分配亦不明確，但事業若出現好轉，就能得到高配息。

另一方面，我們常說的特別股（按：結合股票與債券性質的股票）其實是**股利優先股**。一般由經營上有困難的公司發行，以便募集新股。特別股依據優先權的內容分為幾類，不僅享有固定配息，就連參加優先配息的方法也有很多種。

依照參加方法，可分為：一、可參加特別股，即使有固定利率配息，當公司有剩餘利潤時，特別股股東仍然可以拿到配息；二、不可參加特別股，僅能得到固定利率配息；三、可累積特別

股，若無法在該營業年度中得到固定利率的優先股利，該筆未支付的股息，在下一營業年度之後，將優先得到補發股利；四、不可累積特別股，該年營業年度中得不到優先股利，而該筆未支付的股息在下一營業年度中，亦得不到補發股利。

綜合上述，普通股和特別股最大的差異在於有無表決權，而表決權除了是單純的投票權以外，還能讓股東參與公司的政策決定，因此也算是一種股東友善政策。

另外，股市中的普通股和特別股，大部分存在 70%～80% 的價差（特別股的價格是普通股的 70%～80%）。

雖然這個數值並非絕對，但相對來說，特別股的價格若是越高，普通股就會被認為是便宜股，因而吸引散戶買進，若能事先考慮到此投資心態，將有助於投資。

圖表 2-12　普通股與特別股的差異

類型 比較項目	普通股	特別股
投票表決權	有	沒有
股利配發	有	有
剩餘財產分配 （清償順序）	後	先

股市蟻神的重點課

普通股以共同承擔公司經營風險為前提，因此事業狀況不佳時（當期淨利為負值），股東就無法得到配息；當公司破產清算時，剩餘財產的分配亦不明確，反過來說，事業若出現好轉，就能得到高配息。特別股由經營上有困難的公司發行，以便募集新股。

Q&A 問問看，答答看！

Q：若你是股東，被賦予可以參與公司經營的表決權，你會想參與嗎？

Q：參與經營，向公司提出意見好嗎？還是不參與經營，報酬高一點的比較好？

7 對抗通膨的最好方式，定期配息股

股票新聞裡，常常出現「股利」，這是什麼意思？股票、股利該怎麼分辨？報酬比普通股還高嗎？

對於擁有技術競爭優勢的企業，記得要在股價落點正確時，才扣下板機。因為好的價格可能在隔天就馬上出現，也可能要等五年後才會浮出。

——華倫‧巴菲特

通常會給很多配息，尤其是股利發放率較高的公司，不僅對股東友善，也因為企業收入穩定、盈餘較多，所以配息相對穩定。至於未經配息的部分，則稱作保留盈餘（retained earnings，亦稱資本公積），一般當作企業的預備存款金。配息股票因為盈餘分配率高，所以對重視穩定獲利的保守型投資人、退休後需要養老年金的投資人，或是不想被銀行定存綁死、又只能小額投資的年輕人，都是投資的首選方式。

股票配息率（Payout Ratio）

配息是指公司將一部分的獲利，以現金股利的形式發給股東，因此股利也可以說是公司回饋給股東的利潤分配。而配息率是指配息占公司盈餘的比例，又稱為股利分配率、股息發放率（Dividend Payout Ratio）。

$$股票配息率 = \frac{每股股利}{每股盈餘} \times 100\%$$

例如，若把盈餘 100 億韓元當中的 20 億韓元作為股利發放，那麼股利發放率就是 20%。股利發放率越高，利潤當中所占的股利比率就會變高，導致財務結構惡化；反之，股利發放率越低，盈餘保留率就越高，表示下次還有增加配息或無償增資的空間。但是股利發放率越高，就意味著公司可以給股東較多的利潤，因此相對來說，股利發放率高的公司，其投資價值也比較高。

——資料來源：NAVER 知識百科

以下為配息相關用語：

① 市價配息率：將股利除以配息基準日當天股價的比率。一般來說，配息投資人會參考最近 3 年的市價配息率，來確認過去企業是否支付過股東們股利（按：配息 1 元，代表每 1 股可獲得 1 元。若配息 1.2 元，一張股票 1,000 股，則可獲得 1,200 元的現金股利）。

$$市價配息率 = \frac{每股股利}{配息基準日股價} \times 100\%$$

② 股利率：將股利和股票面額相比，所支付的股利比率。當以股票面額為基準時，股價變高就無法反映真實性，因此會出現實際投資利潤（股利）可能低於股利率的問題（按：配股 1 元，代表每 1 股可獲得 0.1 股，若配息 0.6 元，可獲得 60 股）。

$$股利率 = \frac{每股股利}{股票面額} \times 100\%$$

③ 殖利率：每股股息（現金股利）除以每股股價的比率。這是確認投資金額中，有多少百分比可作為股利的指標。

$$殖利率 = \frac{每股現金股利}{每股股價} \times 100\%$$

我靠存股，年年獲利翻倍

　　我建議，社會新鮮人將每個月一部分的薪水拿來存股，就算只有一些也好，這樣一年就能存幾百萬韓元（相當於新臺幣幾十萬元），並感受到存錢的樂趣。接著，再以錢滾錢：3 年後存 2,000 萬韓元（約新臺幣 42 萬元）、10 年後存 5,000 萬韓元（約新臺幣 105 萬元）、20 年後存 1 億韓元（約新臺幣 210 萬元）……靠配息替自己存好一筆養老金。事實上，現在有很多年輕人都有存股，而且有不少還是透過網路或是 YouTube 影片自學。這是非常好的，當然，如果能更早開始存股的話，經年累月下來，其利潤一定相當可觀。

　　尤其能夠穩定配息的公司，多為大股東持股比率高的企業，因此財務結構大部分也相當健全。當然，隨著私募基金（Privately Offered Fund，向特定的投資人，私下募集資金）進入公司，以較高的持股比率要求參與經營權，部分企業是在不得已的情況下，才實行友善股東政策，提高股利發放率。

　　因此，我們必須明辨股利、發放率上升的原因，並藉此擬定操作策略。像這樣，依自身的策略，隨時調整配息的投資策略，我稱之為「交互買賣」。

　　如果原本持有配息率 5%、股價 1 萬韓元的股票，股價上漲

到 2 萬韓元的話，市價配息率就會變成 2.5％，這時該怎麼做？**要把股票賣掉，再尋找配息率 5％的股票來投資。**像這樣，不斷尋找穩固且配息率高的股票來轉移資產，是存股的策略之一。如此一來，資產不僅可以因股價上漲而滾成原來的 2 倍，還能用更多的資金持續獲利，因此可以說是有效的配息策略。

綜合上述，就是：**一、換到配息率高的股票，二、選擇將來配息率會增加的企業。**這就是存股的核心戰略，只要你對配息有興趣，並且持續投資下去，就能得到比預期還要好的報酬──當然，你得夠勤快，才能靠配息獲利翻倍。

此外，在熊市，**配息還能發揮避險作用，股價跌得越多，股利發放率就越高。**若是股利發放率 10％的企業，其股價下跌 50％的話，股利發放率就會變成 20％。在股市因疫情重挫時，不少有配息的企業，其股利發放率都超過了 20％，若這時買進股利發放率高的企業，就能每年獲得 20％的股利收入。假設股市持續大跌，投資者每年也能確保 20％的殖利率，那麼，只要 5 年就能賺回本金。由上述計算，即可看出，為了往後的退休生活，配息股也是個不錯的投資策略。

圖表 2-13　避險（Hedge）

　　從字面上來看，是「籬笆」的意思；意指為防止金錢損失的應對措施，也就是降低風險、保障收益。為了規避投資風險，而以投入其他資產的方式，減少因價格變動引起的損失。

圖表 2-14　股利相關日程表

分類	內容
除權(息)交易日	判斷股東有權參加除權息與否的指標日期。在該日及之後買進的該檔股票,不能參加當年度的除息。
除權(息)基準日	決定領取配息的基準日。為領取股利,最晚需在除息日的前一日買進股票。
除息發表日	根據前一年度的獲利,交由公司董事會決定除權日期與除息日期。
現金股利發放日	實際支付股利的日子,一般在除權息後約 1 個月左右。

※台股之除權除息預告,可至臺灣證券交易所查詢。

我的股利何時進來?

「股利何時入帳?」、「要去哪裡領股息?」這是所有存股族最關心的問題,以下我將簡單介紹最基本的入門知識。

首先,我們來了解股利的概念。企業會將利潤分配為股利和保留盈餘,保留盈餘亦即把公司的部分盈餘留在企業,可因應未來投資做各種用途。而保留盈餘以外的金額就是股利,會依股東的持股比率進行分配。

例如,如要領取三星電子的股息,最晚必須在 12 月 28 日(除息基準日)買進股票持有。而 12 月 29 日買進的人,因為是在除息交易日買進的,自然就不被賦予領取股息的資格。

如果想要投資配息高的股票,應該要投資特別股,因為特別股是優先配息,且股利較普通股穩定許多,只是沒有表決權而已。因此,如果要投資股利發放率穩定的公司,特別股會是個不

圖表 2-15　關於除息交易日

　　7 月是台股傳統的除權息旺季，除了少數的半年配息、季配息股票之外，台股多數的股票都是一年分派一次股利，最密集的時間點就落在每年的 7 月到 8 月。

個股除權息日期哪裡查？
以下幾個為常用的除權息日期查詢網站：
臺灣證券交易所：除權除息預告表。
台灣股市資訊網 goodinfo：即將除權息日程表。

個股股利何時領？
現金股利發放日：一般在除權息後約 1 個月左右。
股票股利發放日：一般在除權息後約 1 ～ 2 個月左右。

　　例如，台積電 110 年 Q4 每股現金股利 2.75 元，除息基準日為 6 月 16 日，那麼投資人最晚就必須在（除息基準日）6 月 15 日前買進股票，才能領取股息。而 6 月 16 日買進的人，因為是在除息交易日買進的，自然就不具備領取的資格。

錯的選擇。

　　另外，還有一個就是「控股公司」（Holding company），這類公司的評價雖然通常並不高，但是它的優點就在於，配息相當穩定，例如金融控股公司。只要在證券商看盤軟體輸入「配息率」，就可以由高至低篩選出合適的企業，接著再以公司成長性為考量，樹立投資策略。

配息股的投資策略

以下我們來看看配息股的投資策略。通常配息很高的公司，特別是股利發放率高的公司，會選擇既有利於股東，報酬又穩定、盈餘也多的策略來發送股利。

配息型股票的投資策略一般約有 8 ～ 10 種。首先，我想請大家試著思考，如果把錢放銀行定存，會讓資產增加嗎？

在這個低利率時代，雖然資產的表面數字為正值，但如果通貨膨脹造成貨幣貶值，實際上就會是負利率。接著，請再來看，如果是一張累積穩健的股票，如何透過配息，達成年收入 1 億韓元（按：約新臺幣 210 萬元）？

順帶一提，由於長期低利率，有不少資產家為了追求穩定報酬，會透過投資房地產來創造收入，把領月租當作生活資金，並藉此增進退休生活的保障。但我認為，現在這個時代，要管理房地產或是領月租也不是那麼簡單了，因為同樣需要繳稅，而且就連租賃所得高的人也有管理上的麻煩；相反的，**投資配息股只要投資，按兵不動就好**。

當然，本金還是會依股價的漲跌變少，也就是說依舊可能會產生損失，不過依我來看，如果你投資的是成長型企業，那就可以靠股利創造穩定的報酬。

以前，某 A 大企業會長與年輕的夫人結婚，後來因年紀大突然去世，公司就轉給了夫人。但因為會有受贈人繳交繼承稅或贈與稅的問題，因此大部分都會申請延期（按：最多 3 個月），並將稅金分期繳交。然而，因為金額太大，所以通常會出現股利

突然被提高的情況（按：股利可以節稅），這是為了要支付繼承稅，因此藉由提高配息來籌備繳納遺產稅的資金。

隨著最近私募基金對持股企業的配息要求越來越高，也有企業大幅提高股利發放率。有時還會做季配息，在美國甚至還有月配息，也就是像月薪一樣支付股息。像這樣，掌握與股利議題相關的企業環境，也有助於投資。

我認為，配息是很好的投資方式。曾經有人私下找我諮詢，對方的本金有 30 億韓元，他問我要投資不動產，還是投資配息股，我強烈建議他投資配息股。

近來因為非接觸的趨勢盛行，大部分配息股的股價都沒有上漲太多，尤其是我正在關注的證券股或控股公司，以及像三星電子、現代汽車特別股，這類企業發放股利相當穩定，因此現在反而是可以進場的時機（2020 年 7 月）。更何況，現代汽車要倒閉的機率微乎其微，控股公司也是如此。

隨著東學螞蟻們的投資（按：新冠疫情重挫亞股，但南韓股市卻因散戶大軍入市，得以穩定下來），證券公司的業績大幅提高，配息也逐漸上升，特別是可以看到銀行股的股息也普遍提高，因此投資股利發放率高的公司，也是個不錯的策略。現在來看一下配息股的例子，時間點是 2020 年 7 月。

三陽光學（SAMYANG）

從營業收入來看，業績有 663 億韓元，除了每年的營收、發展皆有一定的表現以外，利潤也是逐年穩定增加。森養光學是製造相機鏡頭的公司，因其領先的技術，讓該企業的營收及價值得以持續提高。不過，隨著 AF 和 MF [9] 的業績減緩，讓此增長趨勢略有下滑。但整體來看，若該公司能夠保持穩定的業績和發展，我認為這是可以投資的公司。

該企業的負債比率僅為 20%，不超過 30%；從現金比率提高到 369% 來看，我們可以知道，該公司的現金流很穩定，而保留盈餘也高達 662%，這就代表該公司是典型的配息股。接著，股價淨值比約 3 倍、本益比有 9 倍左右，雖然前項的表現並不好，但該公司每年創下的利潤高達 157 億韓元，因此從成長性來看，本益比大概用 8 到 10 去算會是比較合理的。這樣看下來，公司的市值至少有 1,200 億韓元到 1,300 億韓元，但現在的市值卻只有 912 億韓元。此外，該公司還是私募基金投資的公司，其配息率則維持在 12%。

---

9 AF 和 MF：AF（Auto Focus，自動對焦）是相機感知到被攝體，並自動對焦的功能。當難以用自動對焦模式得到適當的焦點時，只要利用 MF（Manual Focus，手動對焦）調整鏡頭的對焦環，就可以用手動方式進行對焦。

　　配息率 12%，很高吧？比銀行給利息的還要多 12 倍，也就是投資三陽光學，每年可以領 12% 的現金股利。比如投資 1 億韓元的話，扣掉 15.7% 的稅金，會有 850 萬韓元左右的股利（按：依股利所得稅課稅新制規定，臺灣有 2 種方案。一：全部所得合併計稅，並按股利金額 8.5% 計算可抵減稅額，每一戶以 8 萬元為限。二：單一稅率 28% 分開計稅）。請一定要仔細確認，若該公司有成長的可能，那就一邊領股息，以一石二鳥的策略進行投資。

　　而投資配息股的核心操作策略，就是選擇成長性高，以及配息率穩定的企業。換句話說，**就是選擇股利發放率會增加的企業**。高配息率的企業非常多，但配息率並非越高越好，因為也曾有公司將保留盈餘用於配發股利（按：代表公司沒有盈餘，以此營造高股利的假象），並因此而產生問題。

　　我比較推薦的做法是，一邊領終身配息，一邊投資股利發放率高的企業，就像儲蓄退休年金一樣，若股利發放率隨著企業的成長或股價的上升而下跌，**就採取更換配息股的策略，投資其他股票。換句話說，投資配息股，並不需要散戶盡心費力**，還有一點就是，股價跌得越低，就代表股利發放率上漲；若股利發放率 10% 的企業股價跌了一半，股利發放率就會變成 20%。

　　我在前面曾提到，新冠疫情爆發時，這類型企業的股利發放率會高達 20% 以上。因此，投資者只要花 5 年，就能賺回本金，這是投資中不可輕忽的避險策略。但**本金賺回來之後，就要果斷拋售股票，去找更好的標的**。不斷的尋找股利發放率高、股利率高的企業，絕對能幫你錢滾錢。現在就是最好的時機，請各位勤

奮的尋找股價還未上漲的企業，並提前買進！

 股市蟻神的重點課

　　若投資配息股，則無須特別管理，就能定期領股利。雖說投資金額可能隨著股價漲跌產生損失，但只要以徹底的分析為基礎，對成長的企業進行長期投資，甚至得到股利，就能創造穩定的收益。

Q&A　問問看，答答看！

Q：如果你有 500 萬韓元，會放在銀行還是用來投資配息股？

Q：我們來計算看看若每年可以領 10% 的股利，本金 500 萬韓元能漲到多少？

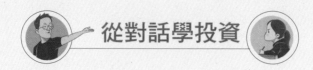

從對話學投資

效率市場假說：主動投資，還是被動投資？

現在利晏讀的《投資心智》因為已出版有一段時間了，所以除了書中的內容，我還會加上自己的想法。再怎麼說，爸爸的投資方法還是最新的，說不定我的投資觀點比書還要超前布局呢！

就算只有一些，能知道更新的東西應該也有幫助！

利晏要不要說說看，到目前為止，跟爸爸分享的內容都有那些？讓我們來覆盤一下。覆盤在韓文的漢字寫做「復棋」，這在圍棋是指把下過的棋局重新再下一次，只要想成是複習就好了。

嗯，目前學到了三個自由、巴菲特的投資原則、安全邊際、估值、尼古拉和特斯拉，還有企業的品牌與標誌等。

學很多了耶，你印象最深的是什麼？

嗯，標誌！

哦！原來你覺得這個很有趣啊！蘋果公司那咬一口的蘋果的確既有意義，又有趣。那今天來講什麼好呢？在讀書的時候有沒有什麼好奇的地方？

有一個我覺得很難的專有名詞，叫做效率市場假說（Efficient

Market Hypothesis，簡稱 EMH）？

嗯，這句話連大人都很難理解。這個理論是在說，由於市場上的情報都是公開的，所以我們反而無法利用這些情報賺錢。舉個例子來說，如果新聞報導今年冬天白菜的價格將會上漲，那麼生意人在賣白菜時，反而可能會因此而滯銷。反之，如果市場裡出現某個不好的情況，人們就會盡快解決，使之恢復，結果無法得到更多報酬，這個理論就是在說明這種情況，這樣理解嗎？

……雖然很難，但可以理解。

不過，爸爸覺得這個理論並不完全正確。

為什麼？我覺得應該對啊。

我們來換個說法好了。認為在股市中失利的人，他們的特點是什麼？

對企業不了解就進行投資、相信錯誤的情報、感到恐懼、產生猶豫等。

這些當然也是重要的理由。我們這樣想想看好了，參與買賣的人當中，有像爸爸一樣的超級螞蟻，也有新手和專業投資人，這些人有什麼不同？

有些投資人會在別人買的時候賣掉、在別人賣的時候買進。

沒錯，這是為什麼？人們都在拋售 A 公司的股票，為什麼爸爸會買？如果利晏和爸爸一起投資股票的話，誰會贏？

爸爸。

為什麼？

因為你懂得比我多。

就是這樣！效率市場假說的問題點就在於，理論假設參與市場的每個人都很聰明，但實際上卻並非如此，而我之所以會說效率市場假說站不住腳，是因為股市新手當中，認真學習的人只有 5%，其他的 95% 是跟風買股的。儘管股價會根據市值與發行股票數有所不同，但人們卻習慣把股價當作唯一的買賣依據。

真的嗎？

換句話說，A 企業有什麼品牌、未來有什麼樣的前景，如果我們在毫無頭緒的情況下就進行投資，那麼縱使有再多財富，遲早也會被股市所淹沒。

嗯！

雖然跟風買進，有時也能創下不錯的報酬，但那只是運氣好而已。即便如此，他們還是會挖苦認真學習的人，說：「你看，我沒學習就這麼厲害了，你們那麼認真，還不是慘賠！」但是最終這些人都虧空了。舉例來說，假設我們的本金是 100 萬韓元，然後幸運的獲得 50% 的報酬，達到 150 萬韓元，但接下來損失了 50%，這樣是多少錢？150 萬韓元的一半，所以是 75 萬韓元。

哦……。

然後下一次又賺了，假設是賺 50% 的話，那就大概是 125 萬韓元吧？再下一次如果虧的話呢？就會掉到 60 萬韓元左右。即使下一次又賺的話，也會只有 90 萬韓元，但若又虧了？就變成 45 萬韓元了。就算運氣好，也達不到 70 萬韓元。你知道這是什麼意思嗎？

雖然有點混淆，但我理解。

股票呢⋯⋯100萬韓元虧50％的話，就是50萬韓元，對吧？

對。

但如果想再次賺回本金，就不是賺50％，而是要賺100％才行，所以這是非常危險的投資，因為要在短期內得到很多報酬，才能拿回本金。

嗯⋯⋯。

人們因為變得急躁，就去跟從危險的股票，卻忘了投資最基本的概念。新手的好運可不是每次都有，如果投資人因此自滿而不學習，然後開始虧錢的話，就會陷入惡性循環，最終失去所有的錢。有正確投資觀的人，在企業價值不變但價格下跌時，會買進、投入更多的資金；但是那些不努力學習的人，因對企業價值並不清楚，因此股價一下跌，就會擔心損失而拋售。

原來如此！

這就是兩者的差異，也就是價值投資人會在市場長期追蹤好的企業，若那些公司的股價下跌，他們會認為「機會來了」然後買進，但是不知道這一點的人就叫傻瓜（按：類似臺灣的「韭菜」說法，指因無腦跟風而等著被收割的散戶）。

呵呵，傻瓜？

也就是散戶。他們都說就算沒有分析企業的價值，還是可以輕輕鬆鬆就賺到錢！但是巴菲特和查理·蒙格靠價值投資與複利的魔法實現了巨大的財富，反之，曾經嘲諷的人當中，沒有一個人致富，從歷史上來看也是。

天啊！

畢竟在不知道企業價值的情況下，要獲利是不太可能的。讓我們言歸正傳，效率市場假說理論上雖然沒有錯，但實際上並不符合股市，因為並不是每個人都對投資有正確的認知。

總之什麼都要學習、研究囉！

沒錯，比起投資金額的多寡，更重要的是學習的質與量。爸爸從 7,000 萬韓元開始，之後賺了 200 億韓元成為超級螞蟻，但投資 2 ～ 3 億韓元，最後血本無歸的也大有人在，歸根究柢，這都是努力的力量。

了解！努力的力量比什麼都強大！

8 | 庫藏股不只抗跌，還能買人心

常常有公司會買入自家公司的股票，這是為什麼？

任何人都無法預測暴跌的時機。即便你出場躲避了暴跌，
但又怎能保證是否能在下一波反彈前做好準備呢？
——富達投資（Fidelity Investments）副主席
彼得・林區（Peter Lynch）

　　庫藏股（自家公司的股票）是指企業用公司的資金，買回自家公司發行的股票。在一般情況下，庫藏股原則上是被禁止的，但適用於買入股票並註銷等情況，因此許多上市企業為維護股東權益，會藉由買回庫藏股，代替發放現金股利（按：降低在外流通的股數，此舉有助於避免股價下跌太多）。

　　接著，讓我們來看如何買回庫藏股，以及買回庫藏股有哪些效益。一般來說，公司在認為自己股票價格偏低時，就會採取賣回庫藏股，或是為了應對併購，以公司的資金買回自家股票，以保護經營權、穩定股價。大致來說，**買回庫藏股會減少發行股票**

數量，提高每股淨利及每股未來的現金流量，並使股價上漲。

依法令規定，庫藏股只有在公司買回股票後註銷，或是公司合併、有股東們請求買回等情況才被允許，不過，為了維護經營權和股價，上市法人可買回庫藏股。買回的股份，除了以獎金或福利轉讓給員工的股份以外（按：臺灣依《公司法》第 167 條規定，員工在一定期間內不得轉讓，但最長不得超過 2 年），須於 6 個月內完成註銷股份。另外，庫藏股沒有表決權，股東投票時亦不計入。

買回庫藏股有兩種方法，一個是以公司名義直接買入（按：依規定，臺灣須於行政院金融監督管理委員會申報），另一個則是透過金融機關間接買回。

一、以公司名義直接買入

公司要買回庫藏股，須經由董事會決議，並於申報起 2 個月內執行完畢。而買回的價格等，均由主管機關定之（按：在臺灣，買回區間價格通常為董事會決議前 10 天，或 30 個營業日平均收盤價（兩者取高）的 70%～150%；庫藏股總價值不能超過公司資本的 5%）。

二、單日可買回庫藏股數量

每日可買回的股份數量，不得超過申報股份數的 10%；或是相當於申報書提交日的前一日起，單月平均交易量的 25%。除此之外，單日能買進的股數，亦不得超過總發行股數的 1%。

圖表 2-16　台股單日可買的庫藏股數量

　　單日買回的股份數量，不得超過計畫買回總數量的 3 分之 1；公司買回股份之數量比例，不得超過已發行股份總數 10%，且其收買股份總金額，不得超過保留盈餘加已實現資本公積之金額。

三、買回庫藏股的效益

① 減少企業的經營活動：因流通股數減少，因此有可能會刺激股價上漲。

② 作為特別股或是公司債的轉換來源。

③ 幫助企業維持股價：利用公司資金，穩定公司的經營權及股價。

④ 為解決股東及債務人的請求權：以減少流通在外股數，來提高每股價值。因股東行使股份收買請求權（按：請參考第 159 頁）而取得的股份，如果不能在 3 年內完成轉換股票，就必須在 6 個月內消除股份。公司可藉由註銷股份，作為股利日後再發配給股東，這叫股票回購（Stock Buyback or Repurchase）。

⑤ 為提高每股盈餘而減少發行股數。

⑥ 公司合併的情況：防止因公司合併，導致股票價值下跌。

⑦ 把股份轉讓給員工。

投資要在「人」身上

　　我們不能單憑數值來評估股價。如果股市中所有的一切都能夠數值化的話，萬用公式應該早就被發現了吧？更不用說，數值只是投資依據之一，看不見的東西反而影響股價更多。

　　企業是由人所創建的，所以「投資在人身上」並非無稽之談，雖然可能會失敗或出現一時的失誤，但投資在人身上，更多時候是相信那個人的遠見。

　　比方說，韓國生產汽車零件公司 Samkee，其營收和利潤都很穩定。該公司不僅供貨給現代汽車，還與福斯汽車（Volkswagen）等海外客戶有商業往來。不過，由於公司股價依然持續下跌，因此股東們的信心受到動搖。

　　然而，就在股價被低估的情況下，該公司在 2017 年 4 月初發布了一項聲明，那就是──公司要直接買回公司股票。

　　實際上，在聲明發布之後，包含公司代表在內的高層們共買回 11 萬 1,308 張，平均每股買回價格 3,361 韓元，總金額約 3.7 億韓元。

　　其結果，如下頁圖表 2-17 所示，K 線圖中的箭頭是公司高層買入股票的時間點，之後股價便呈現上漲趨勢，這究竟該如何解讀？

　　我認為，這就如同領導人需要站穩，才能帶動團隊一樣，Samkee 這一行動無疑給投資人打了一劑強心針；不僅充分展現了企業應該具有的領導風範，也強化了投資人的信心。而且，公司透過這樣的行動，還能加深公司與股東們共患難的精神──這

是用數值所無法掌握的投資亮點。雖然業績非常重要，但這種看不見的部分也會對股價產生影響。

圖表 2-17　Samkee 日 K 線圖

 股市蟻神的重點課

　　買回庫藏股會減少流通在外股數、提高每股淨利及每股未來的現金流量，使股價上漲。我們不能單憑數值來評估股價的一切，數值只是一部分而已，看不見的東西也會給股價帶來很大的影響。

Q&A　問問看，答答看！

Q：對於為了股東而買回庫藏股的公司，你有什麼想法？

Q：你會想投資雖然股價停滯不漲，但為了股東們盡心盡力的公司嗎？

9 無償配股、現金增資，這是利多還是利空？

股票新聞中，不時會出現「無償配股」或是「現金增資」，是什麼意思？這會對個股價格產生什麼樣的影響？

牛市在悲觀中誕生，在懷疑中成長，在樂觀中成熟，在興奮中死亡。最悲觀的時刻正是買進的最佳時機，最樂觀的時刻正是賣出的最佳時機。

——坦伯頓成長基金（Templeton Growth Fund）創始人約翰·坦伯頓（John Templeton）

所謂無償配股，只要按照字面去看並不難理解，意思就是指「免費發放股票股利」。無償配股的概念，如下頁圖表 2-18 所示，以股本 50 億韓元（每股面值 5,000 韓元，發行 1,000 萬股）的公司無償分配給原先股票每股 0.5 股為例。

讓我們更仔細的了解一下。

① 通常以保留盈餘或盈餘轉增資的方式，來做無償配股。

② 無償配股後，總資本為 200 億韓元。

圖表 2-18　無償配股後的資本變化

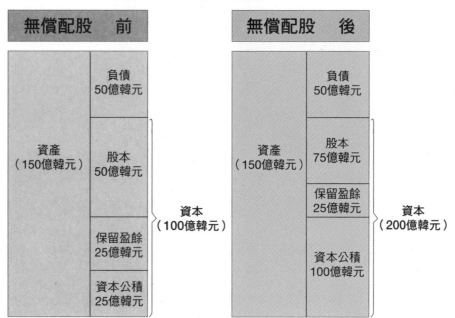

③ 以 25 億韓元的資本公積進行無償配股。

④ 25 億韓元的資本公積包含股本在內，從原先的 50 億韓元
　成為 75 億韓元。

⑤ 由於原先股票每股發行 0.5 股，因此總股票數從原先的
　1,000 萬股變為 1,500 萬股。

　　無償配股的效益是什麼？投資者們通常會將無償配股看作是
好消息，不過仔細想想，這對企業本身的估值並不會帶來太大的
變化，這是為什麼？這是因為，無償配股可以為投資人帶來正面
的心理。

① 無償配股代表公司有意願提高股東們的價值。

② 為了做無償配股，財務結構通常會很好。

③ 無償配股可能會讓股價暫時變得低廉，但在投資人眼中，
可能看起來「便宜」。

④ 因股票增加，股數增加，進而使交易熱絡。

⑤ 綜合上述，能夠給投資人帶來正面的心理。

除權發生在什麼時候？

除權（Exrights Off）是指在基準日之後配息、配股，包括
現金增資（Follow-on Offering，簡稱 FPO）、無償配股等。

若想取得配息和得到增資的權利，只要在配息權利基準日兩
天前買進股票即可；在基準日當天賣出或是在基準日後才買進股
票，是沒有除權權利的（按：股票買進日的下兩個營業日〔T+2〕
才會進行股票交割）。之所以會有除權，是為了要維持股東的公
平性。

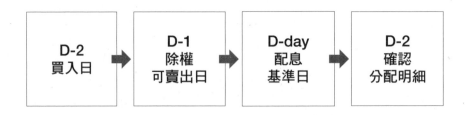

現金增資的效益和影響

現金增資是當企業需要資金時，以發行新股票向投資人、原股東募集更多資金，因此現金增資的優點是，由於不需要借錢，公司沒有償還本金或利息費用等壓力；缺點則是會稀釋現有股權（按：發行的股票越多，會降低每股盈餘），以及在發行新股時，因價格低於市價，短期內股價會下跌。進行現金增資一般有三種方法：

① 原有股東分配：顧名思義就是以固定的比例，給予既有股東優先認股權，只要股東有付錢，就能購入新股票。從保障既有股東的權利層面來看，這是最好的方法。

② 一般公開招募：對不特定多數，以公開招募的形式發行新股。由於這個方法會讓股票價值被稀釋最多，所以一般公司較少採用這種方式。

③ 私募：尋找特定對象，給予優先認股權，例如：和企業相關的特定人士或友好主力。

由於股票價值會被稀釋，因此有很多人認為企業進行現金增資，對股東而言是不利的消息，但這其實是短視近利的想法。從中長期來看，現金增資有著鞏固企業財務結構的效益，以及確保新增投資資金、強化事業能力，從這點來看反而是值得肯定的。

股市蟻神的重點課

　　無償配股代表公司有意願提高股東們的價值，而這類公司的財務結構通常也很好。另一方面，現金增資會使股票價值被稀釋，且因發行新股時的價格低於市價，短期內股價會下跌，因此很多人認為現金增資不利於股東，但這並不是絕對的。

Q&A 問問看，答答看！

Q：無償和有償有何差異？
Q：企業為什麼要買回自己公司的股票？

10 ｜ 企業分割，多半是利多

有人說要「把企業分出去」，為什麼要分出去？這樣的話，我所持有的股票也會被分掉嗎？一間公司如果被分成兩個，投資人的報酬會增加，還是會遭到損失？

投資人必須在股價下跌時戰勝恐懼，在股價上漲時不要太過狂熱或是太貪心。

——賽斯・卡拉曼

在了解企業分割以前，我們首先應該認識何謂股份收買請求權（Claims for Stock Purchase）。所謂的股份收買請求權，其實從字面上來看，就是指股東要求公司「買回股票」。當董事會在從事任何會改變公司結構、且影響股東權益的重大決定時，通常必須經由股東大會決議，但因為也會有股東持反對意見，所以法律便賦予股東可以要求公司按公平的價格買回股份的權利。

簡單來說，「請你們用〇〇〇元把我的股份買回去！」——這就是股份收買請求權。

　　那麼，在什麼樣的情況下，可以行使股份收買請求權？倘若每項經營提案都能夠行使此項權利，那麼反而會導致經營效率低落。因此，股份收買請求權一般僅適用於合併（按：母子公司或小規模合併、上市公司、超過 2,000 位股東的公司等，為例外情況）、分割、營業轉讓、股份交換或股份移轉等情況。但在企業分割上（單純人的分割和物的分割），則是不被認可的，因為股東權益並不會受到影響。

　　股東權益（支配權）並不會受到影響，這代表什麼？

　　假設 A 公司被分割為 A 和 B，但有位持有 5％ 股份的股東 C。在人的分割（按：參考下頁說明），因為 C 持有 A 公司 5％ 的股份以及 B 公司 5％ 的股份，因此其支配權不變；在物的分割，也同樣沒有變化，因 C 是按原持股比例持有，因此 C 可以透過對 A 公司的 5％ 的持股比例，來支配 B 公司。

　　在減資的情況，也不會賦予股份收買請求權，因理論上來說，減資雖然會造成投資人手上的持股數減少，但因為股價可能會因此而上漲，所以實際上並不會造成損失，亦即股票價值不會改變。

　　那麼，該如何決定股份收買請求權的價格？原則上價格通常是由公司和股東互相協議決定，公司會根據市場法（按：考量類似交易與標的公司之差異，進而評估標的公司價值）提出收購價格，而股東們只要予以同意，雙方即達成收購價格。

　　上市公司會以董事會前一日為基準，算出過去一週、一個月和兩個月內的成交量加權平均價（volume-weighted average price，簡稱VWAP；將多筆交易的價格按各自的成交量加權而算

出的平均價),然後將此重新平均計算(除以3),來決定收購
請求價格(按:台股以全部加權平均收購價格最為常見)。

若公司沒有上市,就依據內在價值法(按:採用資產、盈餘、
股利、前景等事實來估值,或是本益比、股價淨值比等公司評價
方法)要求收購價格。

會進行人的分割,基本上大多是為了提高事業的效率性,但
實際上,被分割的公司再次上市之後,兩間公司的市值通常會比
原本的還要高,因此這往往被認為是有利於大股東的策略。

舉個例子,SK 化學分為化學部門和製藥生技部門,在此之
前化學的營收本來就高,製藥生技的評價並不理想;但在進行人
的分割後,製藥生技因為被市場預測具有成長性,連帶使得製藥
生技部門的股價上升,因此對股東更為有利。

人的分割和物的分割

接著,我們再次回過來看,什麼是公司分割?企業的分割方
式有人的分割和物的分割。

人的分割是指,既存或新設公司發行的股份,由被分割公司
股東取得。由於沒有行使股份收買請求權,因此能夠減輕資金負
擔,從這個角度來看,這種方式較受企業青睞。

另外,這也有助於上市公司處理各種利益衝突。若是公司被
分割,由於法律上會變成一間獨立的公司,因此在進行人的分割
後,馬上就能註冊上市;物的分割則是讓分割的公司(既有公司)
持有新設公司的股票。無論是為了公司的發展,還是為了使股價

上漲，人的分割和物的分割對企業和股價而言都是利多。在進行人的分割後，下跌的股票通常會以複利上漲得更多，因此人的分割普遍被視為利多因素，因此我們仍有必要留意那些進行分割的公司。

 股市蟻神的重點課

　　無論是為了公司的發展，或是為了使股價上漲，人的分割和物的分割對企業和股價而言都是利多。在進行人的分割後，下跌的股票通常會以複利上漲得更多，因此人的分割普遍被視為利多因素。

Q&A　問問看，答答看！

Q：若你是公司的社長，公司一直擴大的話，你會維持一間公司的規模？還是把它分割成兩個公司？

Q：如果要把公司分割出去，要以什麼為基準？

11 | 連續3年都虧損的公司，早點脫手

在大盤上市（Initial Public Offering，簡稱IPO）的公司會因倒閉而消失嗎？有方法可以避開下市股嗎？若公司退場，我持有的股票會怎麼樣？

股價上漲既不能保障該企業的發展，也不能保證其內在價值增長；同樣的，股價下跌也不一定反映企業發展發生逆轉，或者其內在價值發生消退。投資人必須能夠區分股價變動和企業的價值。

——賽斯‧卡拉曼

　　在證券相關新聞或公告中，我們很少看到「公司下市」的相關文章，反而比較常看到的是「上市」。而所謂某家企業上市，是指企業的股票可以在公開市場上進行交易，但如果企業無法遵守某些條件，證券交易所就會進行上市審查，決定是要讓公司下市還是繼續維持。

　　簡單來說，下市就是被趕出股市，但是股票的股權並不會因此而消失不見，只是無法在證券交易所提供的公開平臺上交易

（按：投資人私下仍可互相買賣）。儘管如此，由於股票的價值會明顯降低，仍然會有市場流動性下降的問題。以下為韓國 KOSPI 和 KOSDAQ 的下市規定：

KOSPI 下市規定

- 未定期提交財報。
- 會計師出具無法表示意見或否定意見之查核報告。
- 自有資本遭到侵蝕。
- 申請破產。
- 股權分散程度未達規定。
- 連續兩季月平均成交量未達流通股票數的 1%。
- 未達規定股價和市值（未達股票面額的 20%，連續 30 天市值未達 50 億韓元）。
- 自有資本徹底遭到侵蝕（馬上下市）。
- 自有資本遭到侵蝕超過 50%，且達 3 年以上。
- 不符合上市要求。

KOSDAQ 下市規定

- 未定期提交財報。
- 會計師出具「經營存在不確定性」的查核報告（一會計年度），加上連續 2 年查核範圍受到限制。
- 公司暫停交易超過 3 年。
- 申請破產。
- 股權分散程度未達規定。

- 連續兩季月平均成交量未達流通股票數的 1%。
- 股價低於股票面額超過 30 天。
- 資本徹底遭到侵蝕（馬上下市）。
- 自有資本遭到侵蝕超過 50%，且達 2 年以上。
- 不符合上市要求。

圖表 2-19　臺灣上市公司的下市機制

　　下市大致上分為兩種：自願下市、非自願下市。自願下市的企業，可能原因有：股票交易量能低迷、企業價值被低估、業務重整等。為健全資本市場，強制下市的規定已於 2020 年年 4 月 1 日正式實施，詳細如下：

- 公司連續 3 年持續虧損。每股淨值低於 3 元。若 3 年內無改善，將先停止交易；6 個月後，仍未恢復買賣，就直接退場下市。
- 未交財報，將處以股票停止交易；6 個月內若無改善，即終止股票買賣。
- 會計師出具「經營存在不確定性」的查核報告。

股票變壁紙？你要有停損點

　　若公司被公告下市，就會進入為期 3 天的下市整理期，也就是給投資人最後整理的時間。這時投資人有兩個選擇，看是要在這個期間賣掉股票，將股票兌現，抑或是作為場外交易的未上市

股票繼續持有。

在下市整理期間，交易就不再是以 30 分鐘為單位，而且因沒有價格上限與價格下限，漲跌幅度也相對較大。要是在此期間未能處理完畢，往後就很難交易出去，須另外透過可以交易未上市股票的網站（按：例如鉅亨網）進行交易。

4 種會計師查核意見，判斷公司好壞

查核報告是判斷企業的報告書，讓投資人可以得到正確的資訊。以下為常見的 4 種會計師查核意見。

圖表 2-20　會計師查核意見類型

無保留意見（GOOD）		財務報表有遵照會計法規，且無不實內容或重大誤述。
修正式意見（BAD）	保留意見	代表財報某些項目未達會計標準，但又不至於誤導投資人的判斷。不過，對企業信用仍帶來不良影響，且查核範圍受到限制，因此以保留意見，將之列為管理股票。
	否定意見	代表財報大有問題，且會導致投資人做出錯誤判斷；且企業狀況有重大不實。交易終止及公告查詢，之後下市。
	無法表示意見	會計師無法獲取足夠及適切之查核證據，且情節極為重大。交易終止即公告查詢，之後下市。

連續 3 年虧損的公司，請早點脫手

首先，我們一定要避開連續 3 年虧損的公司。在買賣股票時，投資人最不想遇到的就是股票下市或是被列為管理股票。但其實，只要稍加留意，多少能避開這些地雷股。然而，即便如此，這類損失還是經常發生，因為有些人連自己投資的公司在做什麼都不清楚。

其實，股票是有下市準則的，只要事先掌握這些準則，就能有效降低風險。在 KOSDAQ 市場，只要連續 4 年記錄為營業虧損，就會被列為管理股票；超過 1 年的話，就會被強迫下市。這是什麼意思？就是如果有企業連續虧損 3 年，就代表該公司具有投資風險。

我們至少要知道公司在做什麼、是賺錢還是虧錢，即使我們無法洞察未來，但當下是任何人都能夠掌握的，只不過大半的人連這些都不願去了解。

在 KOSDAQ 市場連續 3 年顯示營業虧損的股票，如果在第 4 年的半年報、季度報告中也顯示營業虧損的話，這代表什麼？這就表示那一年非常有可能遭受營業虧損。

下頁圖表 2-21 是從 2013 年開始、連續 3 年出現赤字的股票，到 2016 年第 2 季為止依然是赤字。股票有可能被下市，該怎麼辦？首先，果斷賣掉是最安全的，倘若一直持有這些股票，然後面臨股票被下市的困境，或被指定為管理股票，那也沒辦法怪別人了。因為只要多一點努力和學習，其實就完全可以避免。

圖表 2-21　連續 3 年赤字的企業清單

股票名稱	2013	2014	2015	2016 Q2
Suncore	-5273	-4108	-3309	-3605
首爾麗格	-6243	-6889	-6899	-670
三沅科技（現Tera Science）	-3092	-4519	-8917	-1548
韓國精密機械	-2983	-15664	-16607	-2544
綠蛇傳媒	-1890	-2131	-2355	-324
Fortis	-5881	-6179	-7889	-4178

（單位：億韓元）

股票被下市的徵兆：

- 應收帳款週轉率下降。
- 存貨週轉率下降。
- 存貨週轉率雖有所好轉，但應收帳款週轉率下降。
- 營業現金流呈現負數。
- 籌資現金流呈現正數。
- 投資現金流呈現負數。
- 長期負債轉換為短期負債。
- 頻繁進行現金增資。
- 現金增資後，再投資。
- 事業目的增加及變更。
- 大股東有變更。
- 透過子公司進行假交易。
- 輸出到海外關係企業。
- 對外授權給海外子公司。

蟻神如我，也遇過假投資、真詐騙

　　在幾次企業走訪中，我遇過各式各樣的投資人關係（investor relations，簡稱 IR，一種戰略管理職責，負責上市企業與投資人之間的關係）。雖然這只是我個人的觀點，但 IR 負責人的職位層級似乎沒有一定的標準。負責訪問投資人的，有新進員工，也有 CEO；還有公司是所有職員和代表全部一起出席，有些甚至連企業會長都會親自出馬。因此，每次得到的資訊品質也參差不齊，尤其是職級越高的人老愛畫大餅，職級低的人則是對公司未來一知半解。這對投資者接收情報是很不利的。

　　然而，不論是哪一種公司，沒有人不在意股價，差別只在於想法上的差異。有公司認為，要向投資人展示業績或公司未來展望，股價才會隨之上漲，這類屬於謙虛型公司；不過連前景都懶得跟你說，負責人只像布穀鳥一樣，照本宣科說些讓人聽不懂的話，或是只會要投資人耐心等待，這樣問題就很嚴重了。

　　若是公司能提出清楚的前景、創造好的營收表現，投資者倒還能堅持下去；反之，若公司市場越做越小，就會令投資人心生恐懼。

　　8 年前，我曾經投資一家公司，在公司下市以前，好不容易才脫手。雖然我透過訴訟拿到了 30％ 的票據背書，但當時我足足損失了 15 億韓元。我當時會增加投資比重，是因為董事長是教授出身，且為人充滿熱情。有一次，早上 11 點，我到該企業走訪，待談話結束後，到了中午時間，董事長還幫我叫了外送便當，於是我便和董事長在會議室裡一邊聊天、一邊吃午餐。他吃

著簡單的便當，滿腔熱血述說公司理念的樣子，讓我留下了很好的印象。幾個月後，那位教授因為做假帳被判 7 年徒刑，公司當然也被下市了。

事發當時，我很快就釐清那間企業的問題。在我看來，最大的問題是應收帳款。據我所知，該公司不僅發給我偽造的海外應收帳款，連國內最知名的 S 會計法人也受騙上當了。儘管該會計法人甚至遠至海外實地做調查，卻還是被蒙蔽於其中。

在那之後，我就開始非常注意海外應收帳款。總之，這種看起來很有良心卻是黑心詐騙的公司，都是到最後才東窗事發。

另外，我也遇過說一套、做一套的公司，和當初談的計畫、經營走向完全不同；或是公告和日程都有造假之嫌。

2005 年曾有新聞報導，聲稱韓國首家電腦製造商三寶電腦接到 200 萬臺巴西公用電腦計畫的訂單，且規模高達 2.5 兆億韓元，但同年 5 月，該公司卻向法庭聲請破產。

還有一個例子是，某間由教授經營的生技公司，董事長親自來我的公司做簡報，宣稱不久後將會完成驚人的研究計畫。結果，居中媒介的知名主播，在一年後因涉嫌炒股，與教授雙雙被拘留。所以說企業的歷史很重要，而我們一定要特別小心那些突然嘗到金錢滋味的人。

還有一次，我的員工跟我說：「我們去見高層吧。」我便穿越明洞的巷弄，上去一棟建築物。我打開門一進去，便發現這是高利貸公司，有兩個流氓站在旁邊，對方用不像高利貸主的口吻對股票長篇大論，然後說：「讓我們來好好幹一場吧。」回來後，我馬上就解僱了那名員工，因為對方可是大有來頭的明洞 A

幫派會長。

這是投資的必經之路，為了避免重蹈覆徹，我們不能只憑人的面貌或學歷來判斷，到頭來還是要重視該企業的能力。大部分只會說大話的公司最後都消失了，不過謙虛的公司卻依然生存在市場裡。

我們沒有必要去過度崇拜，那些經常出現在新聞中、動不動就把自己的事業拿來說嘴的企業家們。因為那種公司大多是持有借名股份或借名登記的公司，也就是所謂在操作的公司，經常高調宣傳自己的業績——這種公司幾乎都是騙人的。我在市場中從沒看過能一下子實現量子跳躍式成長（Quantum Jump，指獲利大幅增加）的公司。

在創造出成果之前，其過程必定是煩不勝煩，默默做好分內事的公司才有實力。反之，對於那些追求不切實際的公司，我們一定要時時警惕小心。

還有一點，就是要確認大股東的持股率。要留意最大股東的持股比例，持股率越高，就越能提高對企業經營的信任，因為老闆本人的持股比例高，代表對公司很有心，而有心，就會想要認真提高成果。另外，還要確認持有企業 5% 以上股份的大股東，他們在 3 年左右的股份變動趨勢，有無頻繁變動、持股率是減少了還是增加了、是否收到高配息等，我們透過這些內容，可以了解企業的經營穩定性。

股市蟻神的重點課

　　重視企業的能力，非常重要。那些只會說大話的公司大多都會消失，唯有謙虛以待，才能適者生存。切記，過分高調宣傳自己業績的公司，幾乎都是騙人的；默默做好分內事，才是有實力的公司。

Q&A 問問看，答答看！

Q：被下市的公司會先出現什麼徵兆？

Q：怎麼辨別投資詐騙？

Q：對於誇大自己業績的公司，你怎麼想？

第三章

買進靠技術，
賣出是藝術

1 再好的股票，不到合理價，不買

什麼時候買入最好？一定要在便宜的時候買，不能在貴的時候下手嗎？要怎麼知道價格已經到最高點了？如果我覺得已經上漲到最高點，要賣掉嗎？怎麼知道我的判斷是對還是錯？

投資人需要的安全邊際是多少？正確答案依投資人的取向而有所不同：能承受多少不安？能接受多少企業價值的變動性？能允許失誤到什麼程度？這些答案取決於你能夠忍受多少程度的損失。

——賽斯·卡拉曼

　　大盤如果能如我所願，我可能早就賺超過 1 兆韓元了吧！如今投資已經超過 20 年，若 1 年篩選 4 支股票的話，這段時間就能選出 80 支股票。假設初期本金有 1 億韓元，以 25％ 的報酬率，在 41 支股票上創造複利的話，就會賺近 1 兆韓元。

　　然而，會影響股市的變數實在太多了，所以我才必須不斷調整、修改自己的預測。

　　比方說，即便是觀察了好幾個月的公司，仍有可能會出現變數。尤其是，當利多消息釋出而使股票上漲時，大家都會想趁這波漲勢結束前進場，但在股價上升的波段後期，由於股價漲跌越來越大，因此不少投資新手反而會追高殺低，導致虧損。

　　可惜的是，大多數的散戶都非常心急，尤其總想從別人身上得到答案。不過，答案務必得自己找出來；投資，就是在按下賣出鍵之前，不斷的修正答案。

　　此時，最重要的不是速度、而是方向，甚至在某些情況下，只要沒有賠就是賺。

　　投資人最害怕的莫過於悲觀的心理，有些主力也會刻意誤導散戶，所以我們更要時常樂觀看待。就算只是一塊錢也要省下來，在價格便宜的時候持續買入，而想要做到這點，就必須主動學習。如果不努力的話，就不能投資、更不能隨便出手，否則你的錢很快就會進到別人的口袋。

　　請記住：「買進是技術，賣出是藝術。」買進時絕對不能著急，必須先分析股票，並建立起自己的標準，最重要的是，要買在便宜價。人生的所有成功都取決於時機，股票也不例外。

　　無論是再好的企業，如果沒有買在便宜價，就沒有任何意義。最好的做法是，一開始就大量買進核心數量，之後再分次進場。這裡說的核心數量，指的是未達目標價，要繼續抱緊的數量。

　　雖然依金額和投資組合比重不同，核心數量會有所差異，但通常占 30% ～ 50%，而且除非你的投資計畫出現變化，否則最好要一直抱著；至於剩下的 50% ～ 70%，則是在特定價格出現

時靈活的買賣。這是因為，股市不穩定或是大幅下跌，我們可以藉由調整持股數或比例，來確保現金流。

因此，我們必須事先決定要買入多少股票，並設定投資金額的比重。倘若你認為現在適合進場，那麼就要盡可能的一次買足核心數量，之後再分批買進並持續追蹤；同時，也要依照價格變動幅度，提前計畫下次要追加的數量。

買賣股票時，最重要的一點是，再好的股票，若沒有出現合理價格，就不買；價格不便宜，也不要買進。因為，如果買在高點，股價一旦出現暴跌，散戶往往很難繼續抱著不放。

光是進場時間不一樣，就會帶來相當大的差異，因此掌握最佳買賣點十分重要。若想減少損失，並將報酬最大化的話，就必須耐心等到便宜價再買進，直到達成目標價再賣出。

舉例來說，如果你要投資概念股，就要檢查下游產業，並篩選相關類股。倘若該企業發展正漸入佳境，那麼只要是低點，就可以考慮買進。不過，我們不可能只因為突然「有感」，就買進股票，而是必須有確實的「一擊」，雖然現在還看不太到，但我們要找出企業具備哪些加分條件。

無論如何，在按下賣出鍵的瞬間，將會決定你賺多少、賠多少，因此，如果你對標的沒有信心，那麼，只要市場稍有動靜、股價稍微下跌，你就會很容易舉棋不定。反之，如果你對該公司信心十足，那麼即便股價在短期內出現變動，你也能毫不動搖。

觀察企業業績，不能只是單看數字，而應該要從財報看懂數字背後所隱藏的意義；另外，儘管有些產業漲幅並不明顯，但如果你對各產業特性有最基本的認知，那麼，待該產業崛起之際，

便能精準判斷出進場的最佳時間點。

　　至於賣出時，除了要計算目標股價，還必須事先計畫好你的退場策略，然後分批賣出。

賣出前就想好下次買進，不要讓你的錢休息

　　只在股價便宜的時候買入，是散戶入場的黃金原則。股市因新冠疫情而崩盤時，也有幾檔標的跌停板，在這種時候，只要你有興趣的股票變便宜了，就可以分批買進；手上持有的標的如果比較昂貴，那就分批賣出。

　　簡單來說，就是股價上漲時（貴的時候）賣出，股價下跌時（便宜的時候）買進。以下是一些我最常用的買賣大原則：

- 先考慮機會成本。如果原本我預計 1 年後，該檔股票會從 1 萬韓元漲到 2 萬韓元，結果卻在 1 個月內就漲到 1.5 萬韓元，那麼我就會賣出。因為本來計畫等 1 年，現在卻只花 1 個月，就賺到預計報酬的一半。
- 如果看到便宜的優質股，就馬上買進；如果買入後又有更好的標的，就改買下一檔，因為這樣可以確保安全邊際。
- 出手前，先檢查下游產業，為企業估算價值、確認上下游供應鏈關係。
- 將持股分成短期、中期、長期來買賣，會更有動力。
- 用短期獲利分批買進長期股。
- 決定賣出時，就先確定好下一檔能夠便宜進場的標的（不

要讓你的錢休息）。

- 市場不穩定時，先賣出部分數量，換成現金。
- 達到目標價之前，不能只是盲目的等待，而應該依股價變動，交互買賣投資組合中的股票，藉由調整比重來實現部分報酬。
- 要用理性，而非感性操作。

現在，讓我們來看看該如何找買賣點。首先是買進，舉個例子，我從 10 年前就注意到一間叫 DAWONSYS（按：韓國地鐵車輛製造商）的企業，但該企業的價格，經常高於我估算出的價值，所以我一直到 2019 年才下手，而且還是一次大量買進。

當時我的想法是，DAWONSYS 於 2018 年開始收購鐵道產業，專心投入鐵道事業之後，其估值就會變便宜；後來，在 2019 年，入場機會終於來了——股價暴跌至 1.3 萬韓元到 1.2 萬韓元。坦白說，如果無法賺價差，不管企業再怎麼好，我也不會買進。但當時，許多投資人和法人因恐慌而拋售，反而讓我買在低價。

我從 1.2 萬韓元開始分批買進，之後從 1.2 萬韓元跌到 1.1 萬韓元，而股價又再度上升，從 1.4 萬韓元到 1.5 萬韓元，這段期間我仍不斷的買進。

我對 DAWONSYS 非常有信心，所以一開始我就買進約 30% 的核心數量，所謂核心數量，指的是到最後都不會放掉的數量。買進核心數量後，再持續分批買入，這前後大概會花費一、兩個月的時間。

　　像京仁洋行這間韓國化學企業，我也曾在一年之間只買不賣。在買進核心數量之後，僅依照股價的好壞變化，慢慢的分批買進。

　　如果我很確定這間公司未來會繼續上漲，那我當然希望股價繼續下跌，但是，市場顯然會反映各種變數，時漲時跌。為了應對這種情況，因此手上仍必須保有一定的現金比重。

　　後來，我買進超過 60 萬股的 DAWONSYS，到現在也還持有一部分，但我會先定下「這支股票，我要買進相當於財產的多少」，所以依照情況的變化，像是價格變動、機會是否來臨，或是能否用更便宜的價格購買等，每次買進數量都會有所不同。

　　如果已經買足了目標／數量，這時就可以好好等待「一擊」。同樣以 DAWONSYS 為例，有幾個點可以看出「一擊」。不論是 2020 年初，因為公布將供應半導體設備給三星電子，導致股票暴漲，還是 DAWONSYS 因鐵道產業拿下近 1.5 兆韓元的訂單。

　　當然，鐵道相關的股票很受訂單或業績影響，容易在短期內上漲，但像是三星電子這種半導體設備，則必須上看中長期。因此，買進的數量最好也要分成短期、中期、長期。

　　所以，我們一開始就必須定下短期、中期和長期的數量，應該各占多少百分比。從短期來看，如果 DAWONSYS 借助南北韓經貿合作的力量，使人們對鐵道相關企業的發展更為期待，導致股價上漲，我就會果斷賣出短期數量，因為短期目標已達成。

　　價值投資並不是叫你毫無計畫的等待，而是要一邊按策略行動、一邊調整數量。巴菲特說要尋找可以抱 10 年、20 年的企

業，但他真的連 1 股都不賣嗎？當然不是，他在投資時，其實是一邊抱著核心持股不放、一邊策略性的調整比重。散戶最常見的誤會就是：「我不是應該把自己買進的股票全部抱緊嗎？」我認為並非如此。

另外，我的投資組合中，也有分長期、中期、短期，因為如果有短期動力的股票出現明確報酬，這時不入場就太可惜了！下游產業不錯的週期性股票（見下頁圖表 3-1）、業績突然變好的企業，或是短期內可能暴漲的企業，我都會根據情況，進行短線操作。

不過，我的短線和各位所想的可能不同，我這邊說的是三、四個月，不是像炒短線或波段交易（按：透過股價一段時間的來回震盪，來賺取價差），只有幾天或一、兩週。

適合短線投資的週期性產業有哪些？ 2020 年的半導體企業便屬於此類型。它們雖然是週期性股票，但由於下游產業本來就在變好，業績也逐漸好轉，DRAM（按：動態隨機存取記憶體，一種半導體記憶體）價格上漲，買進這類股票後，如果在短期內暴漲，例如在一、兩個月內上漲 60%～ 70% 的話，因為在短期內已提前實現報酬，這時就要賣掉 50% 以上。

另外，像京仁洋行這種化學企業，就屬於長線投資，所以我在 10 年內只賣出兩、三次，而短期和中期的獲利，我也會拿來買進京仁洋行的股票。

我最看好的長線股票都是資產股，像是不太會上漲的韓國油品配送公司 Seobu T&D，我就花了很長的一段時間慢慢買進，當然，雖說是長線投資，若股價突然暴漲，或沒有理由就上漲的

話，我也會賣掉一部分、增加現金比重，然後再次追加買進。

　　這個策略就是將一部分股票賣在高點，然後在低點重新買回，但並不一定會成功，也就是說，如果無法用更便宜的價格購買的話，最好不要買。

等待時間，買下會進一步上漲的股票

　　投資人最苦惱的，是在定下了目標價、估算了企業價值，該股票卻在短期內出現暴漲，也就是離目標價還很遠的時候。

　　以開發漫畫閱讀應用程式的公司 Comico 為例，我從股價 2 萬多韓元開始投資，在 2020 年 9 月的時候，股價已經超過 4 萬韓元。當然，中間我也有趁高價賣出一部分，並在低價時追加買進，但我的目標價是在 5 萬韓元以上，把估值算高一點的話，也許還有機會上看 6 萬韓元。

　　我在股價 2.5 萬韓元到 2.7 萬韓元時集中買進，但一轉眼，股價已漲到 3.5 萬韓元。但因為我原本設定的目標價，是在 6 個

圖表 3-1　什麼是週期性股票？

　　預計將與相關經濟狀況一起波動的股票，也就是在景氣的情況下，週期性股票更有可能上漲。週期性股票包含汽車、鋼鐵金屬、煉油、造船、建築、化工等產業，又被稱為經濟敏感型股票；與此相反的是非週期性股票，包括通信、電氣瓦斯、食品、遊戲等產業，又稱為防禦型股票。

月內漲到 4 萬韓元，所以我等於賺到了 5 個月的時間。

想當然，因為價格暴漲，使得走勢超過移動平均線（詳見第 227 頁），因此可能會再下修（後來在 10 月時下跌，一直到 11 月下旬才上漲，衝破最高點）。再加上，從長期來看，我相信這支股票會繼續漲，所以我選擇賣掉，然後用這些報酬再去買更便宜的股票，也就是在 6 個月之間，可以創造更多報酬的標的。這就是我買賣時的原則。

那麼，你可能想問：「如果目標價是 5 萬韓元，那為什麼要在 4 萬韓元的時候賣掉？」

我所說的「買進更便宜、且 6 個月後可以上漲更多的股票」，意思就是要重新尋找潛力股，因為即使市場不穩定，這種股票也不太會有變動。

所以，我賣掉 Comico 之後，又買進韓國化學科技企業 Chemtronics，當時股價約 1.2 萬韓元左右。我認為該公司股價會在該年度第 4 季時大幅上漲，所以開始等待。

最後，到了第 3 季，Comico 從 3.5 萬韓元漲到 4 萬韓元，Chemtronics 則從 1.2 萬韓元漲到 1.6 萬韓元，10 月後又暴漲到 2 萬韓元，2021 年 1 月時，甚至衝破 3 萬韓元。從結論看來，算是非常成功，但我們要知道，Chemtronics 其實還有很多成長空間。

如果有兩間企業，其未來的成長空間差不多，那我就會選擇投資更便宜的股票。總而言之，如果你看到了上漲空間更高、更安全，而且還更便宜的股票，那就要馬上賣掉原本持有的標的。投資人必須擁有明確的判斷標準，隨時靈活應對。

價值投資不等於「緊抱不放」

　　如前面所述，如果某檔股票不是因自己當初預測的原因上漲，而是因為其他因素，我必定全數賣出。

　　比方說，我第一次賣掉韓國三千里自行車製造商的股票時，在申報股份（按：提高市場透明度、保護投資者，迅速公布上市股票大量持有現狀及變動資訊的制度；臺灣據《證券交易法》第25條，持有超過10%股份之股東，應於每月5日前，將上月份持有股數變動情形申報給公司）之前，持有約30萬股。但在某天，突然一天出現2次漲停板。

　　這其實是因為，在當時有風聲傳聞南北韓要共同開發開城工業區（按：北韓境內一個由南韓營運的工業區），雖然三千里自行車曾經考慮在開城工業地區設廠，但開發最後並沒有談成，然而，許多人卻誤以為三千里自行車和南北韓的經貿合作有關，所以才會發生2次漲停板。

　　這種因話題炒作而上漲的股票很常見，但之後肯定會下跌，因此，我隨後便將股票全數賣出，待日後再次買進。

　　還有一次，我一次大量賣出京仁洋行的股票，其實也是同樣的情形。我會買入京仁洋行的股票，是因為看好它們的電子材料及半導體材料業務，但因為京仁洋行的業務非常多，之前因為糖精（按：一種甜味劑）暫時性的利多消息而大漲，股價從2,000韓元一口氣暴漲到8,000韓元。

　　因為這檔股票也是藉由話題的炒作而上漲，與我當初的預測不符，所以那時我就全數賣出。

另外，也有根據成交量決定的賣出方法，也就是，根據委買與委賣資訊決定買進和賣出。在委買與委賣資訊上，會看到大量交易同時出現，當然，在股價暴漲時會出現買賣攻防戰，但是，當出現頻繁少量買進的交易時，就是我出場的時機。

舉例來說，在交易量大，且不斷有買方少量委買時，如果在賣盤掛出大單，很快就會被買方給買走，然而每個買方的量並不大，只是交易的速度很快。

簡單來說，假設掛出 10 萬股的委賣大單，而股票以每筆一、兩百股的數量迅速的被買走，我認為這代表有很多散戶跟風，因此比較容易形成下跌行情。反之，一次進行大筆撮合，也就是掛出 10 萬股的委賣單，以一次 5 萬股、10 萬股的數量大筆成交，就算成交的速度不快，但這也代表買入的主力出現了，因為會這樣進行大筆撮合的情況，往往都是被法人或外資大戶買走了。

所以，當市場話題性升高，而出現很多少量委買進場的散戶時，我會開始賣出，但是如果大單進來時，不管價格漲得再高，我都不會賣，我會觀察並等待主力離開。不過，即使是我，也無法對這個做法抱持 100％ 的信心，因此，當出現一定的價格時，我仍會買進或賣出部分股票。

就如同我在前面所提及，核心數量是一定要留下的，通常是指 30％～50％，除非你的策略有所改變，否則應一直抱緊；剩下的 50％ 左右，則要在特定價格出現時靈活的買賣。市場不穩定或是出現風險時，當然要賣掉部分數量，以確保現金流。

不少人認為我的投資方法，就是買進後就把股票放到發霉，以為我毫無計畫。但是，絕對不是這樣，我會根據股價高低，一

邊交互買賣投資組合裡的股票、一邊調整比重，因為價值投資，不等於盲目的等待。

只有實現報酬的人，才能從投資和經驗之中嘗到獲利的滋味，只要反覆累積這個經驗，心中有所領悟，股票買賣就不再是一件難事。

各式各樣的買賣委託方法

委買委賣一段時間後，就會認識很多關於買賣的術語，以及許多買賣方法。雖然最主要的買賣方式是限價，但最好也了解一下其他委託方式，尤其是需要買入或賣出、又無法整天盯盤的時候，這些技巧就能派上用場：

- **限價**：最基本的委買委賣型態，指定股票的數量和價格後，再下單。
- **市價**：只指定欲交易的股票和數量，不指定價格，所以在欲交易的數量成交之前，價格會有波動。簡單來說，就是如果你委託 100 股，也可以用股價稀釋的方式買進股票，缺點是可能在無意中用高價買進。
- **盤前試撮**：是指在開盤前半小時，投資人可報價掛出買賣單。（按：台股試撮之規定，試撮時間為早上 8 點 30 分到 9 點，這些買賣單會撮合而顯示出最新的股價）然而，這些買賣單並不會成交，因此被稱為「試撮」。
- **盤中交易**：投資人可以在 9 點到下午 1 點 30 分之間買賣，

並於 9 點 10 分進行第一次撮合，接下來每 3 分鐘以集合競價撮合的方式成交。

● **盤後交易**：指在收盤之後的交易。盤後交易只能以收盤價進行買賣，從下午 2 點開始委託，於下午 2 點 30 分自動撮合，並隨機決定是否成交。

看新聞操作，小心主力誘多洗盤

另外，在買賣股票時，新聞非常重要，有時候某些新聞若曝光，就代表非賣出不可，像是因侵占、併購失敗、大型合約終止、大股東拋售、勞資糾紛、減資等所引起的資金減少，都要注意市價拋售後的狀況。

另外，也有一些新聞代表的是，你應該買進，像是報導公司營收業績變好的消息，或是開發專利、參與資源開發、無償配股經營權糾紛、大股東買進股票、買進庫藏股、庫藏股註銷、吸引外資和外資大量買入等。

請記得，在賣出時，要將持有的股票一次賣出，但買進時則要分批買進。雖然買進的數量少，獲利也會變少，可能會讓你後悔少賺了，但是如果因為沒有賣出而賠錢，反而會讓你受重傷。

想靠新聞來買賣，最重要的就是不要買貴。我們應該要注意從谷底反彈、正值上升趨勢的股票。其中，上漲速度最快的，通常是與併購相關的新聞，但這議題新聞因為大多是先暴漲後發布，因此很難抓到買進時機。

就我個人來說，我並不推薦利用新聞來買賣股票，而是在消

息出來之前，就應該事先預測到情況，並決定好該怎麼應對。

　　不過，並不是所有散戶都能事先掌握內線消息，那該怎麼辦才好？此時，要以自己的眼光，分析該檔股票的上漲是一時的，還是會持續影響股價。若在新聞出來之前，就已經出現大量交易和突破移動平均線的動向，或是股價瞬間暴漲，就要想想是否有早已掌握內線消息主力在誘多或洗盤，我們必須有所對應。

　　什麼是誘多、什麼又是洗盤的主力？以下我整理了一些市場用語，身為散戶，我們都應該對這些名詞稍微有些認識：

- 誘多：主力有意製造股價上漲的假象，誘使投資者買入，之後股價不漲反跌，讓跟進做多的投資者套牢。
- 洗盤：主力為了清洗不安定的籌碼，如底部跟單的籌碼及前波高位套牢的籌碼等，讓這些散戶提前下車，所以製造出貨（主力賣出）的假象，讓散戶看見股價大跌，因害怕獲利萎縮或虧損，而將手上持股賣出。
- 加碼攤平：在股價下跌的時候，漸漸增加買進數量，以拉低買入時的平均單價，盡可能降低損失風險。若預期將來價格會上漲，所以買進股票，但目前價格下跌，便可使用此方法。
- 認賠：股價低於買入時的行情，且預期股價會繼續下跌，為避免虧損更多，便承受損失拋售股票。雖然每位投資人的原則都不同，但通常會訂下負 5%、負 10%、負 15% 等特定數值決定是否認賠，以防止股價繼續下跌（見圖表 3-2）。

● **違約交割**：股票交易成交後，卻在扣款或支付失敗。若發生違約交割的狀況，證券公司應立即以口頭、電話和書面等方式通報顧客，若逾期未繳，原則上依照受託契約準則結算。如發生多次違約交割的狀況，為了回補而賣出股票的數量就會增加，因此市場行情也會受到影響（按：在臺灣發生違約交割情形，券商可以收取罰款，上限為總成交

圖表 3-2　認賠的應對方式

第一個應對方式，我們要先看艾略特波浪理論（按：股價是由 5 個上升波和 3 個下降波不斷循環的理論），請參考下圖。

根據艾略特波浪理論，應該要在第 3 波上升的頂點或頂點附近賣出，但如果錯過賣出時機，第 4 波就會往下跌，因此會建議先認賠，並在第 4 波跌下來的時候再次低價買入，等待之後波浪再衝上去。

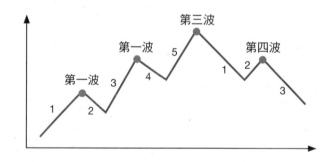

第二個應對方式，是在買進股票後，就先決定一定比率的下跌幅度，以及與之相應的股票賣出比率，分批賣出。

金額之 7% 的違約金；若情節重大、影響市場秩序，可能必須面臨刑事責任）。

- **利多**：利率下調等紓困方案、增資或法人的大量買進等，刺激股價上漲的資訊。

- **利空**：預期會使股價下跌的因素。當市場外部和內部存在壞消息，如利率上調和經濟停滯等，影響整體市場行情的因素又稱作外部利空；過多的信用交易或大股東、法人的大量賣出等，則稱作內部利空。

- **保證金交易**：投資人要進行買賣時，可以提前存放一定比率的約定金額，該金額有保證性質，如同「訂金」的概念。保證金交易主要使用於期貨交易市場及選擇權交易（期權交易）。

- **融資斷頭**：向證券公司借錢或用信用融資買入股票後，若股價下跌，當融資維持率低於130%，便會發出追繳通知；若在通知發出後的 2 日內無法補繳時，券商便會強制賣出股票，拿回當初借出的金額；若有超額損失，則會向投資人追討費用。

股市蟻神的重點課

　　記得在賣出時，要將全數持有的股票一次賣出，但買進時要分批買入。雖然因為沒有買進而無法獲利會留下遺憾，但因為沒有賣出而賠錢，會留下更深的傷痛。

Q&A　問問看，答答看！

Q：市場中若突然出現壞消息，手中的股票該怎麼處理？

Q：原先買股票時預測 1 年後漲到目標股價，但若在 1 個月內就達到目標價，該怎麼做？

Q：請說明為什麼買股票要分批買入？賣出時要一次賣掉嗎？

Q：若原本預測股價會上漲，但預測錯誤的話，該怎麼做？

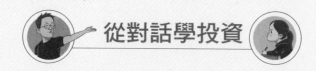

從對話學投資

你每天用的商品中，就藏著績優股

今天我們來談談挑選企業的方式吧！第一個是由上而下，先了解產業，然後再篩選出好的企業，並將其納入投資組合的方式。比如，半導體產業將來會發展得更好，就要去預測並追蹤是哪個領域被看好，以及在上、中、下游，有哪些企業值得關注。實際上，在三、四個月之前，爸爸就在頻道上分析過每個產業了，過了這段時間，產業發展得如何？

都和預想的一樣！

很多人說，現在重新再看當時的分析影片，覺得我好像是從未來回來的一樣，也有不少人在事後哀嘆可惜。但現在也還不遲，因為市場一直在運轉，機會總會到來。

不能再錯過那個機會了。

我們在看企業時，最重要的是要由上往下，也就是先看大產業的變化，然後再看企業，並且分析哪家公司會越來越好──先了解今年正在成長的產業，或是明年會成長的產業，然後找出對應的企業。你 2015 年去美國旅行時，有覺得哪間企業比較特別嗎？

露露樂蒙（Lululemon Athletica），它是從加拿大溫哥華創

建的頂級機能性運動服飾品牌。

那時我們已經預期露露樂蒙會嶄露頭角了，當時股價是多少？80 美元？

對。

現在大概上漲到 340 美元，如果我們那時買進股票的話？

現在就能獲得很大的報酬了吧。

如果你不是只是買露露樂蒙的衣服，還買了股票的話，現在可以買幾件它們家的衣服呢？

哎呀，我沒計算過耶。

比方說，如果當時沒有買那件 10 萬韓元的羊毛衫，而是買股票的話，現在的獲利就可以買 4 件了，對吧？

對耶。

還有呢？記得當時每天和媽媽一起去的購物中心嗎？

全食超市（Whole Foods Market），那是美國、英國和加拿大都有的大型有機食品超市。

你為什麼喜歡那裡？

因為那裡有滿滿的新鮮有機蔬果，而且還很好吃。

正因如此，這間公司才會出名，它的股價上漲了很多嗎？

我查過了，但沒有看到。

看來它還沒有上市啊。

它原本有上市，但資料只到 2013 年。（按：2017 年美國亞馬遜〔Amazon〕以每股 42 美元，斥資 137 億美元收購全食超市。）

是嗎？轉到其他公司了嗎？得確認一下了。我們就是要參考

露露樂蒙和全食超市這種公司，藉此找出值得投資的企業。當時，只有露露樂蒙獨占市場，且獲得廣大的注意，這就叫做先行者優勢（first-mover advantage）。若有先行者出現，導致該產業快速成長的話，接下來誰會出現？

後進者（second-mover）？

沒錯，次級公司和競爭者會加入，出現後進品牌。現在市場上已經有不少後進品牌了，例如韓國知名運動時尚品牌XEXYMIX，美國也有很多相關品牌，各家競爭可說是越來越激烈。

原來如此。

先行者推出新產品的話，其他公司就會快速的跟進模仿（me-too strategy），也就是推出類似的產品，一起競爭。

對消費者來說，有競爭是好的啊！

沒錯，以前智慧型手機剛出來的時候，iPhone一出現，三星也迅速推出了新產品，其業績甚至超越了iPhone（按：據調研機構「TrendForce」數據，蘋果在2021年第4季單季，以季增66%、市占24%的表現拿下睽違多年的全球市占第一）。在百家爭鳴時期，還有韓國電子產品模仿策略最厲害的公司LG電子緊追在後，將市占率從墊底一路提升到前5%，可惜最終只有三星衝上去。乍看之下，透過模仿雖然好像能迅速追上創新的產品，但因為需要高技術能力，所以其實很難用模仿策略跟上。

原來如此。

我們在看公司的同時，也會聚焦於市場上，不知不覺的在生

活中發現好股票。去超市的時候，你不也會說：「爸爸，這個產品真的很好！它的公司是○○○哦！」或是說：「這個遊戲真的很有趣！我正在看這間公司有沒有上市。」

對啊！會下意識的去觀察。

你這樣就是在生活中發現股票，我們使用的所有產品，都和股票息息相關，我們之所以要努力學習，也是為了能夠吃得好、住得好。想吃得好、住得好，需要什麼？

錢！

沒錯！不管怎麼說，錢是必需品。你不是一直想買某個品牌的衣服嗎？因為該品牌沒有進駐韓國，所以只能用海外代購的方式購買。

嗯，韓國都沒有。

如果要讓該品牌進駐韓國的話，需要拿到授權，但也不是誰都可以給，要拿到授權的話，該怎麼做？

首先要跟公司聯絡吧？

對，聯絡公司，跟他們介紹你是誰、告訴對方你想在韓國賣他們的產品；接著再向對方介紹韓國市場的情況，並說明你可以用什麼方式賣多少東西；如果有要求，就請他們提出來。如果對方問你有沒有資金，爸爸可以借你，這樣你就會成為代表。我認為，並不一定得是成年人才能當公司代表，只要有能力，年紀小也能建立自己的事業。

那我賺了錢之後，再還你就行了。

是啊，韓國在很多領域都是世界第一，像是鋼鐵和造船業，還有電視、冰箱、冷氣等生活家電。

真的嗎？真厲害。

還有你用的 iPhone12。你認為裡面的零件中，有多少是韓國的產品？

嗯……7％？

足足有 27％呢！

哇！

而且比例正在逐漸增加，原先從 10％左右開始，現在增加到 27％。雖然很多人都愛用 iPhone，但事實上，iPhone 使用的技術和韓國手機並沒有太大的差別。這樣的話，隨著 iPhone 或電子元件越發展，使用率越高的是什麼？就是裝在裡面的半導體，連前面的螢幕面板，都是韓國出產的產品呢！只有軟體和 UI（使用者介面設計）是蘋果的。如果韓國不能供應零件給蘋果，會怎麼樣呢？

蘋果在製造智慧型手機上，會遇到困難吧？

沒錯，iPhone 品質會下降，這叫做全球化（Globalization），也就是全世界都被綁在一起。三星要發展得好，蘋果才會順利；而蘋果要經營得善，才會再讓三星和 LG 發展壯大，這樣 LG Innotek（按：韓國電子元件生產商）、HyVision System（按：韓國高階視覺系統應用領域公司，多與三星、LG 合作開發視覺相機、立體攝影機等產品）才會成功。

原來是這樣。

像這樣，投資其實就是在學習產業、企業和企業的變化。巴菲特和查理·蒙格也說過：「只投資自己熟悉的企業。」這句話就是在說，不清楚其他企業沒關係，但一定要在較為熟

悉的領域，持續不斷、更有深度的鑽研。要記得，小小的一
支 iPhone 裡，就包含無數企業的汗水和成果，而投資，就
是在確認產業的變化。你懂我的意思嗎？

 嗯！

2 買股不貪多，
前提是找到 10 倍股

投資組合該怎麼建立？只有兩、三支股票，可以建立投資組合嗎？可以把我所有的錢，只投資到少數股票裡嗎？還是也應該投資到其他地方呢？

價值投資者，要不斷的比較當下的投資組合，並尋找是否有全新可能的投資機會。

——賽斯‧卡拉曼

　　我之所以會說，要抱著必死的決心一決勝負，是要各位選擇投資標的並追蹤到底，以取得成果，並不是真的要你賭上性命來投資。

　　在體育賽事中，要是氣勢不順的話，就要喊暫停，這樣才能決定下一個勝負。我有幾位後輩，原本在熊市中很吃得開，突然之間，卻被軋空殺得措手不及，他們受到重傷，甚至退出市場，這說明投資很危險，任何人都可能失敗。可以讓人在某個瞬間，因為押錯一支股票就傾家蕩產。

　　所以說，投資人必須努力，才能得到好的結果，要不斷的閱

讀好文章，並將之內化，才能保持直覺。我在投資也時常失利，雖然對我來說虧損只是暫時的，但對本金不多的人來說，有時候賠錢代表有很長一段時間，你都很難投入資金。

我只有在投資計畫被打亂，而且無法止血的時候，才會喊暫停，如果計畫只是暫時性的被破壞，有時我也會再堅持個幾年。

投資者要能調整屬於自己的步伐，絕對不能看到周遭的人得到高報酬，就想追高跟進，或投入自己不熟悉的生技股，這不能稱為一決勝負，而是有勇無謀。反之，如果持續用中間報酬的股票放長線的話，就能得到驚人的複利。

除非你有絕對的自信，相信自己肯定能獲勝，這時才能誓死一決，而不是買入後才在想該怎麼得到報酬。另外，請不要追隨厲害的人，而要用自己的能力跑完全場。如果中途有其他人獲利，就讓他們去吧，雖然他們在一開始跑得很快，但也有不少人中途就放棄了。

以自己的速度前進，當機會來臨，再盡全力衝刺；倘若沒有適當的能力和準備，就盲目跟著別人跑的話，不用多久就會因無法持續而中途退場了。還有，選擇適合自己年紀的投資也很重要。結婚前，通常 30 歲出頭可以冒險拚一場輸贏，但超過 50 歲之後，就必須保守投資，因為在這個年紀，還要負起守護家人的責任。

投資前，請先掌握自己的狀況，找出符合自己年齡、狀況及投資組合的步伐，沒有所謂的標準答案。

依據投資金額，決定合適的投資股票數量：

1. 本金 1,000 萬韓元（一、兩支股票）。

2. 本金 5,000 萬韓元（兩、三支股票）。

3. 本金 1 億韓元（四、五支股票）。

※ 前提是必須深度研究每支股票，若是做百貨公司式的投資，那麼報酬就不高。

本金多寡，決定你的投資風格

本金越少的人，大多傾向獲得高報酬，而高報酬就意味著買賣的股票數少或是投資時間短。由於投資期間短和數量不多，因此需要依賴各種買賣資訊，或是有外資或法人的供需做支撐。而且，為了得到更高的報酬，很多散戶都會使用槓桿進行交易。

生技概念股就被視為高報酬的標的之一，但這種短期投資的時代已經過去，現在，大部分的散戶都傾向轉為長期投資。

在股市中，還有各式各樣的投資方式。在短期內，短線投資人雖占上風，但若以長期漲幅來看，價值投資人才是較有利的。

從我的過去經驗來看，幾乎很少有人能靠短線操作致富，因為短線投資適合本金少、標的數量也不多的投資人；若財產擴大，投資金額超過 100 億韓元的話，光是買入中小型股，就要花上 1 個月，而且也容易遇到強制回補等問題。

也就是說，投資人要成功，只能從短期投資轉向價值投資，但很少有人可以操作自如。當然，現在在閱讀本書的各位，因為

還沒親自經歷過，所以還無法理解這個心情。總而言之，因為立場各有差異，短線投資和價值投資很難被混用在一起，就算情況有所改變，到頭來也會因無法適時做出變化，導致還是用同樣的方式進行投資。

通常，每個人的投資性向在初期就會定下來，但若要成為成功的投資人，就必須找出適合自己的方式，不要去追究哪個投資法才是最正確，而是要能隨著本金及人生階段，改變投資方式。

跟風買股，95%散戶賠掉本金

在投資時，必須先決定資產配置，而不動產和金融商品的比重，最好是「1：1」，但這個比重，是在掌握年齡和現金比例，也就是說，在建立全面的資產投資比重後，才能決定的。

而我的整體投資組合，也是在過了 50 歲之後，直到近年才達到 1：1，亦即，降低變動性較大的金融投資，逐漸轉變為價值投資中較為保守的投資人。

對於三十多歲上班族來說，如果本金有 1 億韓元，而且如果像我一樣，是有著攻擊性投資傾向的投資人，那麼，我建議每一個投資組合，最好不要超過 2 支股票。我投資到現在，每個投資組合都不會超過 3 支，因為當我分析得越多，操作的股票就越精簡。

雖然大家可能認為，這樣的投資人很多，但市場裡其實有很多都是抱著 20 支股票以上、只靠一些小道消息就隨意買進的人；也有投資人因為某天某檔股票無法交易，才發現原來該企業已經

下市，還有的人不知道公司改名稱了，還有散戶在公司無償配股後，因為股價跌了一半而大賠。

你可能很難相信，但市場上有太多這種不做功課的投資人了，儘管是在牛市，還是有95%的投資人賠掉本金，換句話說，只有5%的人可以獲利。就好比在打牌時，直接把牌亮給高手們看一樣，結果輸個精光一樣，這就是股市牌局。

大多數的螞蟻散戶，都是聽從別人的話買進股票，雖然我可以理解，但是既然都要投資了，不就應該要多做功課嗎？這是很理所當然的事，但大多數人都做不到，甚至連該如何學投資都毫無頭緒。

先了解目前的股價是貴還是便宜，才能決定要買入還是賣出，但很多人卻因為不懂，所以總是被漲跌影響。然而，即便是在超市買一包泡麵，都會慢慢比價，仔細確認組合包有沒有比較划算、是否有多送幾包等，個性挑剔的人，甚至會確認有效期限到哪一天。

但奇怪的是，投資股票時，大家都異常的大膽，連想都不想就直接買下手，不看企業的內在價值，反而去找線圖，看陽線（按：又稱紅K，K線紅色那一條）、20日均線（按：過去20天收盤價的平均值）、布林通道（按：投資專家約翰・布林格〔John Bollinger〕研發出的指標，通過該工具，投資者可以看到金融工具或商品的價格如何隨著時間而波動）、是否突破籌碼面（按：利用籌碼面分析，就是分析股票交易者背後的身分，觀察他們買賣股票的情形）等，只看這些數據就輕易進行投資。

請先規畫好資產配置及現金比例，並決定股票投資的比重。

若是感到不安，就代表你的能力還不足，此時應該降低該標的比重。因為，我們應該打造出穩健投資的組合，並培養選股能力。

選標的，要分短期、中期、長期

投資時要注意的另一個重點，就是選標的。

一開始要好好選擇股票，才不會容易動搖；先選上好的股票，然後持續不懈的追蹤資訊。若能實地走訪企業，選股就能更為精準。因為，比起每天用電腦看盤，我們更應該看的是一家公司未來的成長性。

依照投資期間，可以把投資分為短期、中期和長期。一開始買進股票時，就要決定——這支股票要抱多久，究竟是短、中還是長期？如此一來，當股票部位變差或需要現金時，就可以優先賣出短期或中期的股票；至於不管股市如何震盪，都要固守目標價的標的，則列為長線投資。

這是因為，若賣掉長期股票，除了會因安全邊際不受保障而造成心理負擔，還可能會導致無法再次買進及預測市場。如果距離目標價還很遠，此時不妨把股價的變動或一定期間的下跌，視為一時的噪音，繼續抱著就好。

我的短線投資一般抓三、四個月，專買在下游產業成長動能佳，或是能在短時間內增加業績的企業。

但若在一、兩個月之間出現 60%～ 70% 的暴漲，那麼就算還沒達到目標價，我也會賣掉 50% 以上的持股，因為我已經靠短線賺到價差，況且如果把該份資金運用在其他潛力股，還能藉

此提高報酬率。像這樣，彈性經營短期股票，抓大放小，只要慢慢的分批追加買進，調整投資組合的比重即可。

就算是長期股票，我也會在股票突然暴漲，或是在毫無理由的情況下，成為題材股時，賣出一部分，要不就是在賣掉後，等價格穩定時再買回。雖然為了增加數量，許多人會將部分股票在高點脫手賣出，然後於低點重新買回，但這不一定會成功。

對初學者而言，這個方法不簡單，所以如果時機過了，千萬不要勉強，反正市場上還有很多值得買進的股票。若股價上漲的方式與自己原先預測的不同，或是並非因為主要產業競爭力而上漲，而是因為話題炒作而暴漲的話，那一定要全數賣出。這是因為，這種股票最後一定會因為基本面不穩而下跌。

一般來說，在賣出時，就要看好下一支可以用便宜價入場的股票，而且如果有成長性更好的企業，那麼絕對是越便宜越好。價值投資並不是叫你買進後，就一直抱到出現目標價，而是應該根據股價，交互買賣投資組合中的股票，同時調整比重，藉此實現部分報酬。

總而言之，最重要的就是實現報酬。買進和賣出並不是靠感覺，請理性的看待投資這檔事，好好遵守進出場的原則、好好操作，投資沒有正確解答，你必須找出適合自己的方法。我們前面也提過，想獲利，其實不需要很多標的，只要 10 到 20 個，就能充分改變你的人生，為此，我們需要大量的知識和實戰經驗，也就是能一輩子帶著走的技術。

只要投資幾年，就能一輩子享受財務自由，所以你一定要努力學習，還有，請不要投機，做好準備後，再為人生賭上一把吧！

找到改變人生的 10 倍股

10 倍股（ten bagger），指的是讓投資人獲得 10 倍以上報酬率的股票，該用語為彼得・林區所創。在韓國，從 2005 年到 2015 年，取得高報酬率的 10 倍股，比重較高的為食品、纖維、化妝品等消費股，根據我的調查，10 倍股具有以下 8 大特點：

1. 主要出自成長股。
2. 產業轉型股。
3. 大眾熟悉的股票。
4. 傳產股中，成功轉換新事業的企業。
5. 仍具有風險性。
6. 下游產業擴大 → 企業投資 → 營收增加 → 營業利益增加。
7. 相關產業：遊戲、製藥、生技、IT、原材料。
8. 新技術、可商用化的股票。

我們前面說過，想靠投資成功，就要比別人早一步學習、比別人先找出標的、比別人買得還便宜，並抱持耐心、孤獨的等待，等到股市疲乏下跌時賣出。不過，就算一直告訴自己「這次一定要等下去」，但這仍舊不是件簡單的事，想必一定有不少人對此頗有共鳴。

假設要獲得財務自由，你只需要買入 10 支標的並好好抱住，那麼，你覺得你已經錯過了多少？

很多人說，我的投資方法是「發霉式投資」，因為我持有太

多「抱到發霉」的股票。那些短線操作的散戶，看我這樣投資都會嘲笑我。

的確，我的投資風格，就是大量持有每一檔股票。雖然我的存股越來越多，但如果投入資金沒有超過 10 億韓元，我連看都不看，因為股票超過 5 支以上，管理起來就會很麻煩，還不如集中研究這些標的。

我這樣的投資觀，是在投資初期建立起來的。初期的投資經驗相當重要，我經常看到許多只會做短線的人，他們一輩子都無法改變自己的投資習慣，當然，這絕對不是在輕視或貶低短線投資人。

我的方法，是透過研究，找出值得我信任的股票，然後持續增加持股；即使看起來很慢，但只要等到時機到來，只靠存股也能在幾天內創下幾年的報酬。

大多數散戶投資時，都不懂得追根究柢，比如，只要聽到別人說：「聽說 Helixmith（韓國生技公司）的基因治療藥物 Vm202 很好。」很多散戶一聽到這句話，不去分析或研究 Vm202 是什麼、怎麼製成、會帶來什麼成果，就忙於買進。

不過，這樣的人通常都會錯失機會、也經常後悔，他們會編出數百個理由，藉此正當解釋為何錯過買賣點。

請各位務必深入了解你們要投資的企業，不斷的鑽研，直到心中的疑問都解開。如果我的投資法是發霉式投資的話，那應該也是「益生菌投資」吧！換句話說，就是酵母菌投資，好比用酵母讓麵包變膨脹一樣，這是一個可以讓錢脹起來的投資法，脹得越大，利潤就越多。

股市蟻神的重點課

投資者要懂得調整自己的步伐，絕對不能看到周遭的人賺大錢，就想跟風買入暴漲股，或投入自己不熟悉的產業之中。持續用中間報酬，安全的長期存股走下去，就能輕鬆獲得驚人的複利魔法。

Q&A 問問看，答答看！

Q：如果你有一筆錢，你會想投資股票、不動產，還是放在銀行定期存款？

Q：自己尋找標的，或買入專家推薦的標的，你覺得怎樣比較好？

Q：你會想持有幾支股票呢？

3 持有 1 到 3 檔就好，成功率最高

你去旅行的時候，都喜歡去美食名店踩點，這和打造投資組合有什麼相似之處？假如某個地方有 10 間有名的餐廳，你會平均分配相同的時間和金錢在每一間上嗎？

為了了解一點，必須大量學習。

——法國啟蒙時期思想家孟德斯鳩（Montesquieu）

在投資過程中，最讓我感到苦惱的就是建立投資組合。一般來說，我手上通常會有 5 到 10 檔股票，因此不管是在選擇標的，還是在調整每檔股票的比重，都會耗費我相當多的精力。

選擇標的，最重要的就是不要選到地雷股。剛開始投資時，我們很容易一不小心就入手 5 到 10 檔股票，但是，當你不再是新手時，隨著經驗越來越豐富，就必須逐漸減少標的數。

其實，打造投資組合，就是將股票減少到 1 到 3 支，這是成功率最高的投資法。另外，長久追蹤企業，是提高投資實力的最佳辦法，但是大多數散戶都做不到，因為他們缺乏判斷力，篩選

不出標的，只好買入非常多檔股票，反而無法好好管理。也就是說，如果缺乏對於產業和企業的知識，你就會受各種變數影響。

我總是清晨就起床，開始研習股票，每天都毫不鬆懈。在開始投資之前，我很愛睡懶覺，現在卻是天天早起。

去旅行的時候也一樣，比起大家常去的景點，我更喜歡去冷門景點。30 年前，我去中國桂林旅行，那裡一個韓國人都沒有，是一個被珍貴山林環繞的窮鄉僻壤。

我在那邊待了一週，自己一個人搭船、騎腳踏車，度過了愉快的時光。那段旅程令我心想：「這麼漂亮的地方，竟然被大家低估了。」就算吃一大份早餐，也不過只要 1.5 美元，以現在的幣值來看，等於只要 1,500 韓元。我喜歡這種旅行，尋找不為人所知的好景地。

美食餐廳也一樣，我一直都很喜歡蒐集自己的口袋清單，對我來說，找到隱藏版的店家，就是我的小確幸。如果發現了美食，我就會細細品嚐、好好享受，如果之後那間店開始爆紅、客人太多，就不再光顧；因為，餐廳不管再怎麼好，如果客人一多，店家往往會因忙碌而怠慢客人。

這和尋找標的，其實有異曲同工之妙，我會去尋找其他人還沒發現、沒興趣，但富含魅力的餐廳，等同在投資時，找出還未受到他人關注，但以後很可能會變熱門的企業。

我在別人搶著進場時，反而笑著把股票賣出，甚至退場，這是我實現報酬、獲得財富的祕訣，像這樣，在其他人都還沒發現的時候就把好股票買下來，才能大幅獲利。

可惜的是，大部分的散戶都是反向操作，只去追尋熱門股，

最後落得被割韭菜的下場，那些趁低價買進的人一賣出，只留下一片荒蕪。所以，我才強調，一定要投資別人沒注意到的公司，長期關注並追蹤，而且，要一而再、再而三的觀察該企業的價值，考慮是不是可以一輩子抱著。

投資最重要的就是觀察與追蹤，以及決定該企業是否值得長期持有。

為此，我們要訂出有興趣或是目前持有股票的順序，就像是在為餐廳評比一樣，從第 1 名排到第 10 名，然後依照時期和季節，選擇喜歡的餐廳。同樣的方法，也可以套用在企業上，選好要投資的企業後，接下來就慢慢減少長期持有的標的數；另外，季節或週期性反彈的股票，可透過情境分析（請見第 211 頁），策略性的操作。

一開始，你可能會覺得每間企業看起來都很優秀，因為想買的企業很多，所以一個個增加個股數，如果無法再買，就感到坐立不安。但其實，完全沒有這個必要，越是如此，越應該冷靜的安排好企業順位，進而安排投資日程——最晚何時一定要進場、在哪個時期要賣掉，並以此描繪出具體的計畫。調整比重，就是經營投資組合的基礎。

散戶要投資很不容易，因為每天都會開盤，所以光是要去旅行或出一趟遠門都很困難。我放棄了很多，也承受很多壓力，有時依市場的狀況，我難免會變得敏感，也沒有所謂的下班時間。

因此，我們不能把投資當成是在玩電玩，而應該努力戰勝困境；為了存活、獲得財務自由，我們必須比別人更勤勞、更敏感、更努力，這就是投資人的宿命。

如果你有好好學習、做好準備的話，就不會感到不安，因為你最後肯定會獲利。縱使市場景氣差、股價下跌，你也能逢低買進。因此，請將自己深入學習後獲得的知識付諸實行，並緊緊抱著被低估的企業、有未來價值的企業，和具備未來技術的企業。

但是，我們可不能只深入了解某個特定類型的企業，無論是現在還是未來看好的公司，都應該以不同比重買入，藉此打造投資組合。

我們要搭上趨勢的潮流，尋找值得讓自己賭上未來、長期持有的企業。

 ## 股市蟻神的重點課

不能只深入了解某個特定類型的企業，無論是現在還是未來看好的公司，都該以不同比重買入，藉此打造投資組合。

Q&A 問問看，答答看！

Q：隱藏版的美食餐廳和爆紅的美食名店，你會想去哪一間？

Q：你能夠把喜歡的公司按順序排成第 1 名～第 10 名嗎？

4 | 沒有業績支撐，
話題再強也別加碼

聽說股票的上漲和下跌有一定規律，這是真的嗎？跟著
這個規律投資的話，就能獲利嗎？

現在正是工作的時候，現在正是爭取的時候，現在正是將
你打造得更優秀的時候。若今天不這麼做，明天怎麼能辦
到呢？

——文藝復興時期作家
托馬斯・肯皮斯（Thomas à Kempis）

　　情境分析的意思是，考慮各種可能發生的結果，分析未來可
能發生什麼事件。而情境分析也可以套用在投資上，我們可以透
過情境分析，來觀察長期股的未來，藉此搶先買進某幾支股票，
特別是出現典範轉移（Paradigm Shift，在信念或價值或方法上的
轉變過程）的企業，也就是其技術能改變整個產業的公司，然後
根據情境變換來制定策略。

　　舉例來說，現在最新的 DDR5 記憶體、5G 通信、顯示記憶
體標準 GDDR6、EUV、ITER（國際熱核融合實驗反應爐）、

無人機、綠色新政、智慧城市（按：利用各種資訊科技或創新意念，整合都市的組成系統和服務，藉此改善市民生活品質）等，如果是擁有這些技術性護城河的企業，你就可以將之套用在情境中，並根據不同情境掌握進場時機。

而情境交易，就是密切關注這些情境是否會被政策影響、會在哪個時期爆發、何時會影響到業績，然後按這個方式投資，我的投資組合也是這樣建立起來的。因為每個企業都有不同的發展計畫，所以我們可以根據不同計畫來建立投資組合，並判斷如何分配比重，以及要集中買入的標的。

我將 3 年到 5 年視為長期投資，並根據不同情境，預估這個企業的典範轉移會如何發生，同時在企業非常便宜的時候買進並抱緊。當然，在這個過程中，我也會視情況加大或減少比重。

比方說，在這段期間內，如果該企業因為某題材或新聞，導致股票在短期內暴漲，那就要先減少比重、事後再買進，持續不斷的依股價趨勢分配比重。

對我來說，長期投資短則 1 年，但通常為 3 到 5 年；中期投資則是 6 個月到 1 年；動能投資（Momentum Investing，亦稱順勢投資）則約 1 個月左右。什麼是動能投資？舉例來說，2020 年因為疫情升溫，透明隔板變多了，我預測在大學入學考的時候，一種名為「聚碳酸酯」的透明隔板，將會被設置在每位考生的桌上，因此便投資相關企業，之後，隨著隔板成為話題，我再賣掉出場。

基本上，**動能投資就是跟著趨勢操作，買進強勢股的意思。**當然，動能投資也有其原則，就算成為話題的機率再高、資料再

好，公司的基本面也必須夠優秀。

不過，即便公司股價被低估，但只要基本營收夠充足、市場預期股價會上漲，那麼也適用於動能投資；亦即，事先注意情勢，不斷的反覆進場，待企業失去動能，就減少比重，或是完全退場。

長期投資看的是長遠的未來，但我們到底該如何看出哪些企業具有潛力？

首先，我們可以先篩選出未來會橫跨多項產業和市場的核心企業並買進。接著，在該企業業績逐步上升的時候，再調整投資比重。

不過，調整比重時，我們必須考慮到兩個面向，業績和題材。首先是業績，尤其是每個季度的業績，我們必須迅速檢視每個相關產業的業績，而且，如果你正在投資或是留意某些企業，那麼，在業績發布之前，你心裡應該要有個底；若你預期季度業績不錯，那就再加碼。

然而，要是股價已因市場預期而急遽上漲，或是已經超出你的估值，當然就不能加碼。

再來，是題材。我尤其重視政策，韓國隨著綠色新政、智慧新政、數位新政等國家政策逐漸明朗，相關企業股價也開始上漲，但是，就算是概念股，還是要看營收，就算能從政策中獲利，也不能無條件進場。

沒有好業績，只是因話題性而在短期暴漲的標的，就要減少比重，因為話題只是一時的；相反的，如果有業績支撐的話，當然可以再加碼。

增加或減少股票比重時，請一邊問自己：「現在看得到業績嗎？還是需要再花更長的時間？」一邊持續斷追蹤。

比方說，我在 2020 年上半年，某天看新聞時發現韓國醫療診斷產品製造商 Seegene，其股價為 2.55 萬韓元，雖然因疫情而受到矚目，但檢測試劑對財報造成很大的影響；像這樣，如果該企業有話題性、也有業績，就可以投資。實際上，Seegene 已從每股 2.55 萬韓元上漲到 3 萬韓元（按：現在股價為 4.5 萬韓元），原因就在於它有實際業績。

如果不是這種情況，而是因為人為炒作而上漲，這種股票就必須全數賣出。其中，最具代表性的就是比特幣和無人機。若比特幣價格突然上漲，一些與比特幣相關的公司股價就會暴漲，但這顯然都是短期內就會退燒的話題。

無人機也一樣，韓國政府目前並沒有培育這項產業的計畫。我們必須好好觀察這類企業，然後在產業起飛之前，提前買進。

業績和話題性不同，一個穩賺一個認賠

我在投資方面其實非常保守，因為我一定會先徹底分析，再買進。每次要再加碼時，我都會先計算買入均價，然後買進可以接受的分量。

儘管如此，若我認為某間公司日後肯定會漲，那麼，就算要提高均價，我也會毫不猶豫的買進。尤其，如果有任何能夠完全翻轉企業基本面的重要議題的話，那麼，就算與既有股票無關，我也會再加碼。

　　當然，我也曾踢到鐵板。原本認為每一季業績都會很優秀，所以不斷加碼，但沒想到最後公布的業績卻很差。因此，如果要調整數量，一定要很小心，因為你的均價越高，就越容易受股價下跌影響。

　　事實上，我們應該大量買進的時機，是在股價下跌的時候；當股價來到低谷、或市場來到低谷時，應該大量買進，因此，現金比重要經常保持在 10% ～ 20%，才會安心，如果市場看起來隨時要崩潰，也可以將現金比重拉高到 30%。

　　此外，我們必須知道自己持有的企業何時會發布財報，以及接下來的政策為何。另外，連企業的技術研發、相關產業變化都必須確認，也要在每次確認時調整投資比重。

　　還有，供需也非常重要，比方說從哪個特定窗口開始、有哪個主力、買進哪間企業多少，我會將 3 年來的數據用 Excel 表整理出來。

　　我們很常看到科技公司，因技術受到市場關注，使股價呈上漲趨勢，但沒有股票只漲不跌，當技術兌現的時候，已經反映出來的股價還會再次暴漲嗎？雖然也有持續上漲的例子，但大多數都會再下修。

　　正因如此，我們才要好好分辨每天看到的新聞和消息，究竟和業績有沒有關係、是否只是話題性高。想做到這點，我們必須確認業績、政策，並密切觀察技術研發狀況，乃至下游產業和市場變化，連個別供需和外資與法人動向也要留意。

　　蒐集到這些資訊之後，你就能活用你持有的股票，但不要一次就全部賣出或買入，而是操作持股數的 3 分之 1。我自己就習

慣靈活調整 3 分之 1 的持股數，剩下的 3 分之 2 就先放著。

　　總而言之，我們一直在談的價值投資，就是一邊確認業績、一邊分析股票。

　　至於將來哪些技術會大放異彩、哪些企業會賺錢等問題，請試著分析看看！你可以隨時預測、留意值得入手的長期股，同時試著做些短線，藉此滾本金，這就是增添投資趣味的方法。

　　要是有一天，你突然心想：「投資變有趣了？」那就代表你成功一半了。請享受投資吧！如果你手上都是你努力學習、分析後才投資的公司，那它們絕對不會背叛你，而為了獲得這種經驗，只能讓自己再更忙碌一點，我們一起努力吧！

 股市蟻神的重點課

　　所謂情境交易，就是用長遠的眼光，尋找懂得為未來做準備的企業，找到之後，就盡早大量買入，然後根據日程調整比重；在這段期間內，如果該企業因為某題材或是新聞出現，導致股票在短期內暴漲，那就得先減少比重，之後再增加，持續跟隨股價趨勢調整比例。

Q&A　問問看，答答看！

Q：你能用自己的話，解釋什麼是情境投資嗎？

Q：你認為便宜買進這件事，適用於任何交易上面嗎？

Q：你覺得應該要把所有現金都拿去買股票嗎？

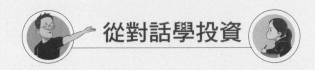
從對話學投資

只看線圖，是最危險的賭博

今天的主題是，投資時必須小心的事情。這非常重要，你還記得不久前我給你看的影片嗎？

嗯。

影片裡出現了什麼人？

只要給他們錢，就會用電話教你怎麼操作的人。

對，這些自稱投資專家的人，有真的、也有假的，要分辨是真是假，非常難。當然，有一個最容易分辨的方法，比方說，我之前就假裝聽不懂，問對方：「你推薦的那間公司是做什麼的？」

嗯。

結果他直接打斷我，回答說：「你沒有必要知道。」

竟然這樣！

那個自稱專家的人，其實連那間公司是做什麼的都不確定，就到處去跟散戶說：「只要無條件相信我就行了！」

聽到這種話，會有人真的相信他嗎？

其實，股市裡這種人意外得多，很多人連自己投資的企業都不了解，就隨意買入，所以，那些假冒成專家的人就能賺

錢，一個月賺進幾百萬韓元。

好無言喔！那些錢都浪費掉了。

想從那些人口中獲得內線消息，知道哪些標的值得入手，就必須付費，一個月大概要 80 萬韓元，甚至也有人獅子大開口，喊出 100 萬韓元的價碼。那些所謂的投資專家，分明連最基礎的知識都沒有，就只看線圖。

天啊！

要是只看 K 線圖就能成功，那這個世界上就不會有人投資失敗了。當然，技術分析是很基礎的投資技巧之一，所以我們至少要懂一些，但線圖並不是全部，股市還會受很多其他因素影響；所以，如果只看線圖，其實是非常危險的賭博。不過，你現在才 13 歲，只要持續學習，就能學到很多東西，不用焦急，只要持續下去就行了。

嗯。

比方說，我之前提過特斯拉、蝴蝶效應、護城河等名詞，你一開始不是都不太清楚嗎？如果出現不清楚的詞彙，那就自己去查，只要找出相關內容來閱讀，就能不斷累積知識。

沒錯。

閱覽公司的名字、標誌或商標時也一樣，只要留心仔細觀察，就能建立對於每間企業的認知。我們要抱持著好奇心，去想「這間公司為什麼用這種標誌？」、「人們從那個商標會聯想到什麼形象？」，然後試著自己找出答案。這其實就等於在學習，跟你身為學生，努力讀書一樣。

嗯！不過，感覺你好強調學習的重要性。

的確，學習這件事很令人厭煩，但人只要活著，就必須努力
學習，也要累積經驗，常和優秀的人相處、去很多地方旅
行。不過，我小時候因為家裡太窮，沒辦法去旅行，也無法
和優秀的人相處，而我缺乏的這部分，我也是透過不斷學習
來努力克服。如果當時我因為家裡窮，而不斷哀怨、不去挑
戰，就沒辦法成為超級螞蟻了。

你說得對！

5 | 最好的買賣時機，都藏在 K 線裡

K 線圖裡可以看出什麼東西？只看 K 線圖就能知道股票會上漲或下跌嗎？如果可以這樣判斷的話，只看 K 線圖投資就能獲利了，不是嗎？

所謂投資，是在徹底分析之後，安全的守住本金，同時確保得到很高的利潤，若不是這樣的話，就是投機。

—— 班傑明‧葛拉漢

　　分析股票的方式大致可分為基本分析和技術分析。基本分析以財報為主，注重公司內在價值，如市值、本期淨利、本益比、負債比率（Debt Ratio，用來衡量企業在營運方面所承受的財務風險能力）等會計學相關指標。

　　至於技術分析，則是研究過去和現在的市場趨勢，從中找出特點，並以這些特點為基礎，預測從現在到未來的股價走向，也就是不管公司價值，只集中看線圖，以 K 線、移動平均線、交易量、多頭排列等為重要指標，這些名詞，後面我會一一解釋。

　　由於技術分析不會考慮公司的財務狀況或內在價值，因此不適合價值投資人。使用技術分析的散戶，必須每天盯線圖，投資時很常感到不安。

　　不過，如果擁有關於技術分析的基本知識，對投資肯定有幫助。技術分析最大的優點在於可適用於任何交易方法和時期，不僅是股票，也能應用在期貨等其他商品交易上，而且，除了分析股票之外，還能用於剖析加權指數。

　　同時，相較於基本分析，投資人可以更有效率的集中投資能力或資本等。

　　過去也有很多不同領域的投資人嘗試技術分析，你也可以依自己想要的方法，來選擇並使用他們開發的諸多指標和工具。

　　其實，我們看 K 線圖，就是為了看出適當的買賣時機，因為就算股票再怎麼好，若買賣時機不對，就可能搞砸本來描繪好的藍圖。技術分析，就等於在畫一張市場的大藍圖，懂得分析整個市場，才不會因為只懂得基本分析，而被局限於某幾間企業，落入畫地自限的窘境。

　　在投資任何企業時，只要做基本分析，就能知道營收增加多少、淨利增加多少，甚至還會分析本益比、股東權益報酬率、看財報。為此，對於影響這間企業的總體指標，如美元、油價、影響原材料的因素等，我們必須具備相當程度的理解。

　　不過，不用說新手，連普通散戶都很難分析得如此透徹，況且，就算分析好一間企業的基本面，股價還是會隨著大盤浮動。

　　在 1980 年代，韓國流行一種說法，投資人將技術分析隱喻為月亮的陰晴圓缺：新月代表股價低、滿月代表股價高，因此主

張「在新月時買進、滿月時賣出」。

換句話說，就是滿月時價格過高，不適合買進，太晚跟進的人，也很容易變韭菜（按：指好股票是買在新月，亦即股價低）。

因此，即使看了線圖，知道該檔股票正在高點或暴漲，我們仍無法逆勢而行的買入，所以其實技術分析仍比較適合用於研究市場動態，而不是用來挑選標的。

想培養選股眼光，看漲停板 K 線圖

和陌生人第一次見面時，最快了解對方的方法，就是看他的臉並觀察他的表情，好比我們會從對方的健康狀態、心情或特定行動來預測那個人的性格一樣，股票的臉龐就是線圖，所以看線圖才這麼重要。

人的臉上有眼、口、鼻，線圖裡則有 K 棒和移動平均線，另外，K 棒和移動平均線的模樣就如同人的臉蛋，形形色色；我們可以根據線圖的模樣來了解股票，而且，線圖中甚至還能看出投資者們的心情。

假設這裡有一個價值 100 萬韓元的東西，如果有人為這個東西貼上新的價碼，以 50 萬韓元販售，那麼，知道原本的價格為 100 萬韓元的人，就會毫不猶豫的買下來，不知道原價的人則無從比較。

同樣的，若想要選出優良標的，首先，我們必須培養認出好股票的眼光。

要怎麼分辨哪些標的值得買進？其實，很多人都曾經問我：

「要怎麼培養看線圖的眼光？」而我會回答，請你看漲停股線圖。想要訓練技術分析技巧，你可以將當天的漲停股，放在關注清單中，每天觀察。

收盤後，將當天漲停板的股票記錄下來，然後觀察它收盤前的線圖走向，每天都這樣子觀察，在 1 個月內，你總共會觀察這份線圖 20 次，如果堅持 6 個月，就等於看了 120 次。

而且，因為漲停股不會只有 1 支，全部加起來的話，至少能看超過 1,000 次，如果你能持續堅持這個習慣超過半年，就能對上漲線圖大概抓到一個感覺。

不過，我之所以建議你看漲停股，不是要你對漲停板抱有幻想，而是要讓你的眼睛習慣漲停板之前，K 棒是什麼樣子，也就是藉由掌握漲停板之前的 K 棒動向，來訓練自己的敏銳度。

掌握漲停板之前的動向，不代表自己的股票就會漲停板，畢竟沒有持續的努力，就不會獲得巨大的成功，股票不是彩券，比起夢想發大財，我們更需要冷靜判斷現在自己的能力如何。

看線圖這件事，一天都不能偷懶，但只要持續不斷的努力，某一天就會出現預感，開始看出哪個線圖好像要上漲了。

在那之前，我們必須持續不斷的努力，但也不能只相信線圖，因為 K 線圖只是投資時的參考指標之一。

K 線＝開盤價與收盤價的差異

K 線圖又稱為蠟燭圖（Candlestick Charts），而上面的 K 棒，又被稱為蠟燭，因為 K 棒長得就像是有著燈蕊的蠟燭一樣。蠟

燭的矩形表示一天的開盤價和收盤價差異，稱作身體。

紅色的身體，意味著收盤價高於開盤價，叫做陽線；綠色的身體則意味著收盤價低於開盤價，又稱作陰線。

模樣不同的蠟燭有著不同意義，因此，我們要先理解 K 棒的基本型態，才能分析 K 線圖。

因為價格移動，才會形成 K 棒，在一天之內，若股價創下高價後下滑，收盤時就會產生上影線；反之，若出現低價後再次上漲，收盤時則會產生下影線，身體則是用來分析買進和賣出的力道大小（見下頁圖表 3-3）。

至於陽線和陰線有何不同，則分別被解讀為支撐大和壓力大，另外，身體越長，就表示支撐或壓力的主力很大。當在移動平均線的股價突破支撐線或壓力線，就會出現很長的身體，這時通常會解讀為股價跌破支撐或突破壓力。

下影線和上影線同樣也能被解讀為買方和賣方的力道，根據線的長度推斷，影子越長，代表買方和賣方的力道越強。

K 棒、移動平均線和交易量內皆含有許多資訊，我們必須像習慣一樣，好好確認。

移動平均線被分成日均線、週均線、月均線、年均線，短則還分成 1 分鐘均線、5 分鐘均線和 60 分鐘均線。

移動平均線的種類非常細，我們沒必要全部都看，但是即使不看年均線，至少也要看日均線和月均線。

我們必須以長遠的眼光來投資，而不是每天都只靠零碎的動向決定是否買賣。要能看到大格局，才可以不受動搖，穩定持有績優股，直到抵達目標為止。若各位持有績優股，希望在抵達目

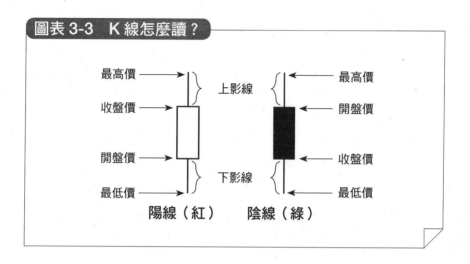

圖表 3-3　K 線怎麼讀？

標之前能夠好好抱緊，不要跟風交易。

支撐線和壓力線的概念

　　所謂的支撐線，顧名思義就是當股價下跌時，在某個時期或價格區間出現大量買氣支持價格，使價格不會再下跌的界線，意味著買入力道強勢到足以抵擋賣出力道。

　　雖然每個線圖的狀況不同，但大部分都會將連接各個低點的線當成支撐線。

　　壓力線則和支撐線完全相反，是當股價正在上漲時，某個時期或價格區間出現拋售潮，抵擋股價，使股價不會再上漲的線；這意味著賣出力道比買入力道強勢，且和支撐線一樣，壓力線會根據線圖狀況而有不同解讀。大部分連接高點和高點的線，就稱為壓力線。

在掌握了這兩個概念之後，接下來就讓我們了解一下，壓力線和支撐線在線圖中具什麼樣的意義，請參考圖表 3-4。若仔細觀察線圖，就能發現幾個特點，第一個特點是，當股價上漲到一定程度就不會再上漲，而是在原地躊躇；相反的，若股價下跌到一定程度就不會再下跌，而是出現橫行或受限的動向。

沒有股票能夠不停上漲或下跌，像這樣的現象，在技術分析中，我們就會說是受到支撐線或壓力線影響。

在圖表 3-4 的左邊就能看到，K 棒似乎被兩股無形的力量夾在中間，無法跌落、也無法突破。而支撐的相反是壓力，我們同時能看到在圖表 3-4 的右邊，股價被短期均線壓制，難以完全突破，正出現持續下跌的趨勢。

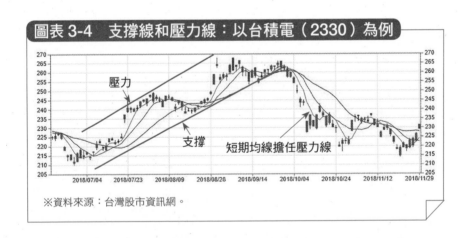

圖表 3-4　支撐線和壓力線：以台積電（2330）為例

壓力

支撐

短期均線擔任壓力線

※資料來源：台灣股市資訊網。

說到這裡，壓力線和支撐線在技術分析中究竟具備什麼樣的意義？首先，可以知道目前價格的變動程度；第二，這兩條線可作為參考，讓散戶對未來的股價走勢做出合理且有依據的決策；

第三，如果近期出現壓力線或支撐線，散戶們必須重視，因為最近出現的股價變動，很有可能會主導今後的價格走勢。

看移動平均線的方法

移動平均線能表現出一定期間內的平均收盤價，5 日線就是將 5 天內的平均收盤價，每天用線畫出來的線圖，又可稱為週線；同樣的，20 日線（月線）、60 日線（季線）和 120 日線（半年線），就是用線分別標示出 20 天、60 天、120 天內平均收盤價的線圖。

如果股價偏離移動平均線，之後仍會再次回歸到平均價格，因為股價若想脫離一定區間，均線就會發揮作用，把股價像重力一樣拉回來。

另外，我們也能從均線中看出趨勢，均線若上升得很陡，就代表著強勢，相反的，均線若陡斜下滑，就代表弱勢。若趨勢是往右邊橫行，就表示漲跌在箱型區間之內（詳見第 235 頁）。

打開線圖，就能看到 K 棒和每條均線，如下頁圖表 3-5。讓我們更深入了解一下移動平均線的意義和特點。

移動平均線有兩個特點：一、它將趨勢的變化濃縮為一個值，因此可以很容易得知趨勢的變化；二、短期均線是很短一段時間得出的趨勢，對市場價格的波動很敏感，雖然對價格越敏感，線圖能越早傳達出趨勢的轉換，但準確度也就越低；反之，隨著均線時間越來越長，敏感度會變低，傳達趨勢轉換的時機也就越晚，但準確度則相對變高。

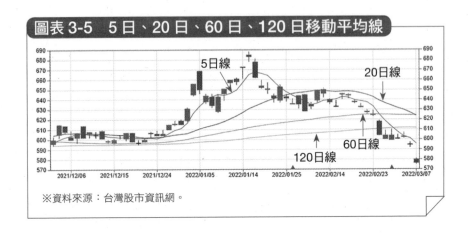

圖表3-5　5日、20日、60日、120日移動平均線

※資料來源：台灣股市資訊網。

　　5日線呈現出1週內的平均交易價格，在掌握短期趨勢時扮演著重要的角色，和目前的股價情況最為密切。

　　20日線呈現出1個月的平均交易價格，和60日均線同稱為中線和生命線，在短期趨勢、每日線圖中，20日線是最重要的均線。從上漲趨勢活躍的股票來看，可以知道20日線是主要的支撐線，因此可以根據20日線的傾斜度制定短期交易的策略。

　　60日線呈現3個月的平均交易價格，可以讓投資人親眼確認行情連續性的就是60日線。若股價從底層突破60日均線，人們就更確信這是黃金交叉（詳見第232頁）。

　　120日線呈現6個月的平均交易價格，又稱為長線。一般來說，股價會比實際景氣提早6個月左右浮動，所以我們可以把120日線當成反映此現象的均線。120日線可用於分析整體趨勢，在大盤上漲的局面，它也很常被視為支撐線，在這種情況，也會加強大盤上漲的力道。

分析移動平均線的6種方法

讓我們來了解一下，為了分析股價，該如何使用移動平均線。請見以下幾種分析方法：

1. 方向性分析

這是確認每條均線朝哪個方向前進的分析法，請參考圖表3-6。上升時，均線會以5日、20日、60日、120日、240日的順序上升；相反的，下降時則是5日線會先下跌，接著以20日、60日、120日、240日的順序開始下降。

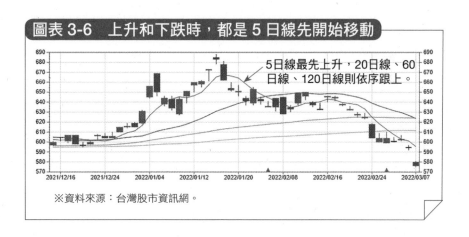

圖表3-6　上升和下跌時，都是5日線先開始移動

5日線最先上升，20日線、60日線、120日線則依序跟上。

※資料來源：台灣股市資訊網。

2. 均線排列分析

均線排列又分為多頭排列和空頭排列。多頭排列出現在上升區間，意味著由上而下的順序是5日、20日、60日、120日、240日（年線）；空頭排列則表示均線以240日、120日、60日、

20 日、5 日的順序配置，和多頭排列的方式相反，於下頁圖表
3-7，我們可以看到空頭排列的線圖。

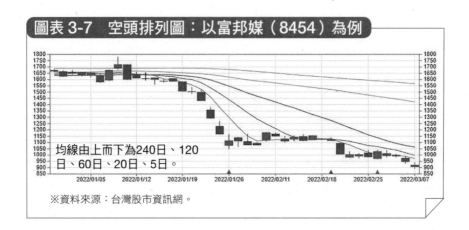

圖表 3-7　空頭排列圖：以富邦媒（8454）為例

均線由上而下為240日、120日、60日、20日、5日。

※資料來源：台灣股市資訊網。

3. 支撐線分析

　　請參考下頁圖表 3-8，位於最下方的移動平均線是 240 日線，
若將 240 日線當成支撐線，我們可以看到股價和這條支撐線的
關係。

　　在左邊第一個圓圈中，可以看到股價有部分欲脫離 240 日
線，通常，如果跌破支撐線的話，就代表要拋售，但如果這只是
暫時的現象，那就不拋售。

　　如下頁圖表 3-8 所示，股價到了第二個圓圈，就只是碰到支
撐線，後來就離支撐線越來越遠。

　　在股價暫時低於 240 日線的情況下，你可以運用於「3 比 3
法則」決定是否交易。

　　所謂 3 比 3 法則，是雖然股價暫時跌破移動平均線，但如果

在 3 天內被調整回 3％以內的話，就抱著不賣出。若覺得市場變動性較大，也可以採用 4 比 4 法則。

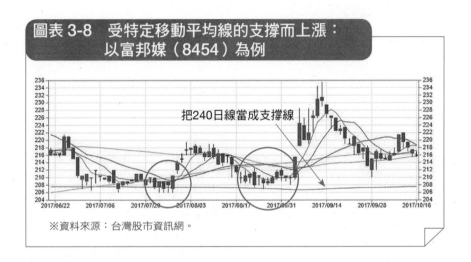

圖表 3-8　受特定移動平均線的支撐而上漲：以富邦媒（8454）為例

把240日線當成支撐線

※資料來源：台灣股市資訊網。

4. 壓力線分析

從下頁圖表 3-9 來看，我們可以知道 20 日線正在發揮壓力線的作用，阻擋著股價，讓其無法上漲。若股價在某個瞬間衝破壓力線，那麼，之後的壓力線也可能會成為下一個值得參考的支撐線；不過，從這張線圖看來，雖然在圓圈處有成功突破，但之後又立刻跌回壓力線下方。

5. 交叉分析

黃金交叉是每條均線成為多頭排列之前，短期均線衝破長期均線、準備上升的起始點。這是所有均線聚集的接點，當它是多頭排列的起始點時，叫做黃金交叉（見下頁圖表 3-10），空頭

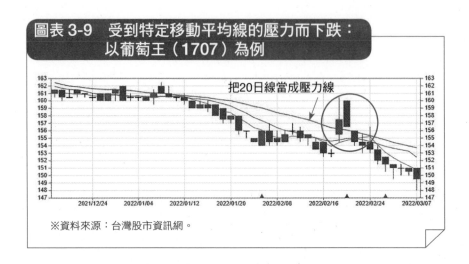

圖表 3-9　受到特定移動平均線的壓力而下跌：
以葡萄王（1707）為例

把20日線當成壓力線

※資料來源：台灣股市資訊網。

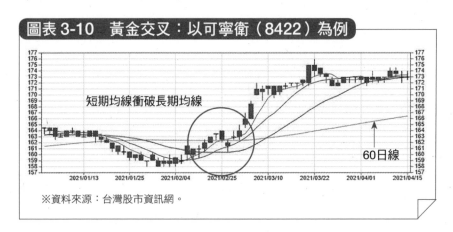

圖表 3-10　黃金交叉：以可寧衛（8422）為例

短期均線衝破長期均線

60日線

※資料來源：台灣股市資訊網。

排列的起始點則叫死亡交叉（見下頁圖表 3-11）。

　　黃金交叉可被解讀為買入的信號，死亡交叉則等同賣出的信號。在長期均線穿破短期均線並往下降的時候，即是空頭排列的開始，這時就會發生死亡交叉。

　　在圖表 3-10 中，我們可以看到，等短期均線衝破長期均線

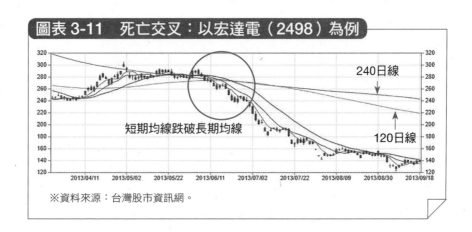

圖表 3-11　死亡交叉：以宏達電（2498）為例

短期均線跌破長期均線

240日線

120日線

※資料來源：台灣股市資訊網。

時，股價才開始大幅上漲，這就是黃金交叉的威力。死亡交叉也有著同等力量，在圖表 3-11 中，短期均線一跌破長期均線，股價就突然大幅下跌，幾乎落至谷底。

6. 密度分析

密度分析是分析短期、中期、長期均線之距離的方法，均線之間的距離越大，代表現有趨勢越可能持續；間距越小，則代表趨勢越可能改變。

如下頁圖表 3-12 所示，隨著均線在圓圈處變得密集，接著，股價便開始大幅下跌。間距越大，現有趨勢越會持續下去；相反的，若間距拉得太大，就會出現距離逐漸縮小的回歸動態。

解讀趨勢，買進上漲股

美國股票經紀人威廉・歐尼爾（William O'Neil）曾說：

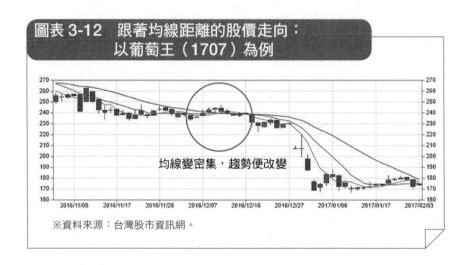

圖表 3-12　跟著均線距離的股價走向：以葡萄王（1707）為例

均線變密集，趨勢便改變

※資料來源：台灣股市資訊網。

「首先，要關注趨勢的轉換。」他就是一名結合技術分析和基本分析的投資人，而且也因此獲得豐富的報酬。

趨勢為什麼這麼重要？舉例來說，如果有一檔股票連續上漲2 週到 4 週，結果，最近 3 到 5 天，市面上卻開始出現賣超的情況，讀到這樣的趨勢，就可以解讀為股價轉換為跌勢的信號。

如果出現賣超，股價就會下跌；相反的，若在大盤弱勢的情況中，突然某檔股票出現第一波反彈，然後在 4 到 7 天內，委買量大幅上漲，那就意味著股價轉換為上升趨勢。

學者們經過長時間研究，發現了一個事實，那就是──股價中存在著趨勢。

因此，我們必須在上漲時加入，下跌時退出。當然，這說起來容易，做起來難，若你判斷這個趨勢還在，就要採取行動，請從現在開始就養成買進上漲股的習慣。

在股市中，趨勢就代表著方向，尤其在技術分析中，這是個

不可或缺的概念。「搭上熱潮」、「要順勢而為，不要逆勢而動」、「趨勢是你的朋友」……很多名言都跟趨勢有關。

　　股價處於上升趨勢時才有可能獲利，但不幸的是，許多散戶都逆勢而行，股價上漲時就嫌貴，因此連買進的想法都沒有，但是股價一下跌，卻又想買進，因為他們認為股價下跌後變得很划算、很值得買進。

　　當然，經過充分分析，發現被市場低估、忽略的好股票，然後趁股價位於低點時買進的策略是例外。

　　股票若持續上漲到突破先前創下的高點，然後跌勢的低價比先前出現的低點還要高的話，這就是在告訴你市場在走高；相反的，儘管股價在回升，但還是突破不了之前的高點，而持續下滑到低點的話，就是市場在走低的信號。

　　確認趨勢之所以很困難，在於趨勢呈 Z 字型，會一邊形成上漲趨勢、一邊出現漲跌，而此時形成的無數個高點和低點，都容易讓人混淆。

　　趨勢分成上升、下跌及水平三個方向，大家可能會覺得不是上升就是下跌，但請記住，還有水平這個趨勢。水平，用另一種說法是橫行或箱型，箱型指趨勢只能在一定的漲幅和跌幅裡移動，脫離不了那個範圍。箱型上端突破壓力線上漲時，就可進一步看漲；反過來，箱型下端穿破支撐線下跌的話，就會看跌。

　　有一個有名的箱型理論，這個理論表示，以某個股價為中心，股價會在上下 10％或 20％的範圍內移動，若股價突破那個箱子，那麼，在既有的箱型上方就會形成另一個箱子，股價也會在新的箱子裡移動，因此，若在突破箱形上端的時間點買進該股

票，就可能賺到價差。

　　但是，股價不會只按照理論移動，所以我們必須同時確認其他指標和信號，再決定該如何行動。

 股市蟻神的重點課

　　基本分析以讀財報為主，是把重點放在公司內在價值的分析法；技術分析是研究過去和現在的市場趨勢，以預測從現在到未來的股價走向。我們要懂得分析線圖，但絕對不能只依賴線圖。

Q&A 問問看，答答看！

Q：你認為公司的內在價值比較重要，還是線圖比較重要？

Q：曾經漲停板的股票，之後會怎麼移動？請親自觀察線圖。

Q：你能說明看趨勢交易，是要在哪裡買進、在哪裡賣出嗎？

Q：你覺得每天只看線圖的投資方式怎麼樣？

6 ｜ 最不會騙人的數字，交易量

某支股票的交易量增加的話，股價就會上漲嗎？如果所有散戶手中的股票都很好，那就沒辦法買賣，這樣一來，股價不就不會動了嗎？

虧損和報酬，就如同錢幣的兩面，無法分離，追著投資人的一生跑；認真分析失敗的原因，才是成為成功投資人的唯一方法。

——德國股神
安德烈·科斯托蘭尼（André Kostolany）

　　一般來說，交易量少的股票因為買賣不便，投資人通常都會避免買入。交易量少的理由有兩種，一個是大股東持股多，表示釋出數量少，在市場流通的股票不多；第二個原因是，和企業價值相比，該公司股價非常低廉，因此沒有人要賣，任何人都只想買進累積而不賣出，**資產股和價值股就屬於這種情況**。

　　韓國建材製造商 IS DONGSEO，以前股價為 8,000 韓元時，一天交易量不到 10 億韓元。當時，隨著釜山海雲台住商複合開

發話題出現，才偶爾顯示一、兩次交易量，稍微出現買氣。然後，隨著海雲台正式進入開發，一直到預售的消息出現，該建材製造公司轉眼間就成了 10 倍股，交易量可說是爆發式的增加。

我曾買進的三千里自行車，也在 2007 年出現過 1 天 3 萬股的交易量，當時的股價約在 2,000 韓元。那時，我幾乎 6 個月來只買不賣，最後持有 7% 以上的股份。

2008 年次貸危機（按：美國國內抵押貸款違約和法拍屋急劇增加所引發的國際金融危機）爆發時，每股超過 3 萬韓元，不知道從哪來的交易量，讓股價瞬間暴漲，當天交易量竟超過 1,000 萬股！這支標的也是 10 倍股。

再來，讓我們來看看韓國油品配送公司 Seobu T&D，這檔股票 1 天的交易量最多不超過 10 億韓元，但隨著長紅線（按：又稱大陽線，開盤價就是當日最低價，收盤價也為當日最高價，K 棒沒有上影線和下影線）出現 2 次，交易量暴增，但在出現長黑線（按：又稱大陰線，與大陽線相反，開盤價為當日最高價，收盤價為當日最低價）時，交易量卻明顯減少，這就是典型的買進模式。

通常，交易量和股價的關係最大，陽線交易量往上衝的話，股價會呈上漲局面，而陰線大量交易，則等於在預告股價下跌。

在股市中，最不會騙人的數字就是交易量，交易量之所以少，是因為大部分的人不賣，所以我們可以將交易量少的股票，看作資產股或公司財務結構穩定的標的。這種公司的事業若出現正面的變化，股價就會一飛沖天，要能連續 6 個月都買進這種股票，才可以自稱為價值投資人。

我們常說，**交易量意味著買氣力道，關鍵點在於主要買氣是以散戶還是主力為主**。以主力為主的特性是，用少量資金急拉股價；隨著成交量緩緩增加，散戶大舉湧進，主力的大量資金就會離場，因此股價反而下跌。

所以，強勢股有一個共同點，就是交易量增加時間短、上漲力道強，而只要超過某條線，交易量就會減少，這時股價會再次上漲，請見以下幾種情況：

● **股價在低谷，交易量呈橫行趨勢**：因沒有賣出和買進力道，這檔股票暫時缺乏魅力，在交易量增加之前，需要多花點時間觀望。

● **股價在低谷，交易量呈減少趨勢**：在沒有買進力道的狀況下，若股價沒有下跌，交易量早晚會觸底，這時，股價有可能會上升。但是，如果低谷的股價再次下跌，而交易量減少的話，那就有可能是主力在調整，藉此壓制股價；不過，通常這時候賣出的股票，都是先前的持股人因失望而拋售的。不管是因為被壓制還是因失望而拋售，股價下跌的可能性都很高，因此這時候不能冒然買入。

● **股價在低谷，交易量呈增加趨勢**：交易量創下新低後，又突然增加到原來平均交易量的 3 倍時，代表安靜的買進力道出現了。一般來說，如果是很強的主力，在谷底時交易量就會增加，很快就能拉抬股價；但如果主力較弱，買入後股價則無法持續上漲，所以在股價再度下跌之前，投資人都會立刻賣出，使交易量暴增。

- **股價在低谷急劇下跌，交易量呈增加趨勢**：看似不會再下跌的股票，在低谷急劇下跌，且交易量增加。如果出現這種情況，只要那間公司沒有爆出什麼壞消息，就有可能是主力的操作，但是，不管怎麼說，這只是一時供需衝擊所產生的現象，反而讓主力可以在低點買進，主力買夠之後，很可能就會試圖讓股價反彈回升。

 股市蟻神的重點課

通常，交易量和股價的相互關係最大，陽線交易量往上衝的話，股價會呈上漲局面，而陰線大量交易，則等於在預告股價下跌。

Q&A 問問看，答答看！

Q：散戶大量買賣某檔股票的理由是什麼？相反的，為什麼會有某檔股票交易量為零？

Q：股價位於低谷時，如果交易量突然增加，股價也會上漲嗎？這時候應該買進嗎？

Q：股價位於低谷時，交易量增加後，K線圖會怎麼改變？

7　回檔是必然過程，散戶請耐心觀望

股市整體上漲的話，我應該賣掉手中的股票嗎？相反的，若股市整體下跌，應該大量買進嗎？如果其他股票都上漲，只有我的股票還在原點或下跌，該怎麼辦才好？

在市場下跌之前，若你的投資組合不錯，就堅守當初買進這些股票時的信心。

——約翰・坦伯頓

就像人生一樣，股市裡也有曲折，我們不可能準確的抓到最高點和最低點，所以，只要看總體指標，藉此稍微調整現金比重就夠了。我認為在總體資金中，現金要占 20％左右，風險管理才會更容易。

熊市是由外資拉跌，牛市的盡頭則是由散戶拉漲。所有的股市危機，最長都會在 2 年內告終，對每一個投資人而言，在熊市中生存下去都是必備技能，過度的槓桿，是走向死亡的捷徑。在牛市的入口，我們要集中投資，進入牛市後增加股數；相反的，

進入熊市的時候，就要調整投資比重，用你信任的幾支股票再次集中投資。

股票市場裡也有著潮流，所以，我們必須解讀趨勢、搭上潮流，如果只因為股價下跌了一些就感到焦躁不安，那表示你的投資方法有誤。

你的獲利多寡，取決於你多有自信，所以我們不能盲目模仿他人，而應該分析企業，並以持續不斷的努力，累積自己對某檔股票的信任。高手們其實都很膽小，天不怕地不怕的都是普通散戶，因為他們很無知，不過，就算盲目的投資能讓你在短時間內獲利，這些報酬仍無法真正改變你的人生。

在投資的過程中，你絕對不可能避開熊市，但是，只要堅持得下去，最終股價都會恢復。

投資成長股難免會感到痛苦，因為你不知道必須等到什麼時候，大跌也是常有的事，所以，沒有這種經驗的散戶，第一次遇到熊市肯定非常辛苦，但越是如此，你越應該理性應對。好好打起精神、分析股票，並果斷的砍掉不需要的標的；看好績優股要延後買進時機，慢慢的分批買入。

在這樣的股市裡，若是不做好風險管理、預設最糟的情況，反而過分維持槓桿，你就會失去所有本金，甚至難以再次進場。努力挺過熊市，就是為了要得到下一次機會。

蒙受巨大損失而退場的投資人，他們的共同點就是直到最後一刻，都在做過於大膽的賭注。

就算現在感到很絕望，牛市之後也會到來，而我們的宿命，就是在熊市中撐下去。

回檔是散戶必經過程，遇到請觀望

　　股市回檔，指的是股價上升過程中，因上漲過速而暫時回跌的現象，也就是市場正在調整的期間。為什麼會形成回檔的現象呢？這是因為股價上漲，導致賺取短期價差的股票被釋出。

　　因為股票回檔是隨時都可能出現的現象，所以，請不要因為股價下跌就感到煎熬，而是好好享受這個過程。

　　若遇到回檔的狀況時，請暫時觀望，好好休息一下，並釋放每天買賣股票的壓力。

　　在高點賣出，拉高現金比重之後，最重要的就是等待便宜的績優股出現；我個人認為，尋找下次要買進哪支股票的過程很有趣，等到買進後，標的開始上漲，進而實現報酬，預測正確時的那股刺激感，就是我們面對股市時應有的態度。

　　如果只覬覦暴漲股，因此而感到不安，就無法在股市存活，所以才要隨時調整投資項目比重；股票再好，也不能一輩子抱著不放，要適當的調整，也要懂得賣出。

　　請在牛市中增加股數，在熊市裡減少。在牛市增加股數，是為了避險，這是能增加穩定性的方法；在熊市裡則要再次調整，採取集中投資的策略，為此，平時就應該對股票有所理解。當熊市來臨，我們不應該靜靜等候，而應該將這段時間視為轉換到主流股和調整比重的機會，而且，這也是用低價買進好股票的絕佳時機。

　　市場大幅下降的現象，最多 2 年也只會發生一、兩次，所以不用太害怕，市場會持續回頭尋找自己的位置；不過，由於我們

無法確定低點究竟在哪裡，所以當市場下跌時，比起草率進場，我們應該要有計畫的分批買進。

任何人在熊市時都會感到煎熬，很難做好情緒管理，但是在這種非常時期，更不能掉以輕心，我們得更勤奮的觀察手中的股票，預測哪一檔能比較快恢復，並藉此調整投資組合。

我們都應該立志成為在回檔之前，就事先準備好並行動的投資人；身為投資人，風險管理是必備技能。

牛市：買氣出現，趁早買入翻倍賺

一般來說，牛市的回檔時間很短，會隨著盤中調整持續反彈。大部分的牛市，指的是景氣好轉使消費市場買氣增加，和因市場中充足的資金使流動性熱絡，出現流動性驅動股市的現象（按：指和企業業績無關，因貨幣增加和利率下滑，造成資金湧入股市；流動性驅動股市出現時，股價會在短期內大幅上漲，散戶為了囤積股票，會買入流通量大和價格較低的股票）。

這兩個漲勢絕不會單獨出現，買氣先出現之後，因豐富的市場流動性，使股票出現罕見的上漲。

這波行情結束後，就會出現循環市場（按：隨著類股更換，指數持續上漲的市場；在期待上漲的股市中，投資人沒有選擇認為價格已經上漲的股票，而是尋找有上漲可能性的股票，進行循環型收購時出現的現象），也就是景氣循環股（按：容易受到經濟及利率影響的產業，如能源、工業、金融、不動產等）會輪流上漲。

汽車、化妝品、煉油公司出現動態，銀行、證券以及製藥生技輪流循環上漲，在此一時期，只要順應潮流就能獲得相當大的報酬。

但我認為想做到這點其實很困難，要在這波行情中獲利，就必須把上漲股買好買滿，而且不能頻繁的買賣，要是你以為股價已經在高點便賣出，那你就可能被市場排斥，錯過再次買進該股票的機會。

最後，會出現流動性驅動市場。初期，散戶們透過基金回購退出市場，使市場看起來不像是流動性驅動市場，但流動性驅動市場的尾聲，往往是一群飛蛾們參與股市，應該說，連鄉下的老奶奶都在買股票的那一刻，就是這波上漲結束的時候。

在流動性驅動市場的尾聲，業績市場的股票上漲受限，出現無差別雜股漲停。例如，1997 年的亞洲金融風暴之後，流動性驅動市場要結束時，每天會有數百支股票連續幾天漲停，還曾經出現被過度包裝、沒有受到認可的成長股，漲到數百萬韓元的情況。

許多檔股票漲到比企業價值還高上數千倍的價格，而這些股票就成了散戶們的墳墓。

雖然，如果散戶是在便宜的區間買進，然後在上漲數百倍後賣出的話，這些股票就會成為他們的天堂，但可惜的是，普通的螞蟻散戶，幾乎都是在股價高漲的狀態下買進，所以這些漲了數百倍、數千倍的股票，才會都成為散戶的墳墓，因為在這之後，股價會無止盡的下跌。

在這個階段，我們要買入未來成長價值股，不要輕易的交

易，然後再用此時的獲利來獲得財務自由，悠閒的離開市場。

熊市：等待股市回檔，避免恐慌仔上身

我在投資股票的過程中，也經歷過許多次危機，也有過越是集中投資，就越難獲利的情況。雖然每次股價低迷不振的時候，總是會感到挫敗和煎熬，但這也是讓我戰勝逆境、獲得財務自由的原因。在這裡，我想舉出幾支讓我的人生出現轉捩點的股票，對我來說，集中投資指的是每支股票投資額超過 30 億韓元。

1. Com2uS

首先，是韓國遊戲開發公司 Com2uS。一開始買進時，價格約為每股 1 萬韓元，我集中投資，一直買進到每股 1.5 萬韓元左右，但因為 Com2uS 的業績惡化，以及競爭對手 GAMEVIL 的出現（按：於 2013 年，Com2uS 被 GAMEVIL 收購），股價跌到每股 7,000 韓元出頭。

這是最令我煎熬的時期，不少投資人也因為撐不下去而退場，不過，儘管如此，我還是預測在當時是成長股的 Com2uS，未來會成為手遊界的三星電子，決定要繼續持有。

3 年後，Com2uS 上漲到原本股價 1 萬韓元的 190 倍，成長股的起伏就是這麼嚴重，因為漲跌很大，所以在持有的過程中，會伴隨相當大的痛苦，當然，這個報酬我們無法全部帶走，但如果持有的話，誰都有機會可以實現 5 到 10 倍的報酬。

2. 京仁洋行

再來，是京仁洋行。不論是從前還是現在，特別是在電子材料這方面，我都對京仁洋行抱持著極高的期望。在我買進之後，隨著日本綜合貿易公司住友商事，將手中持有的京仁洋行股票釋出，導致股價驟跌，加上當時市場下跌，股價幾乎被砍半。

不過，我當時沒有認賠，反而增加了數量，等到股價上漲至七千多韓元和八千多韓元時，才收回全部報酬。這次賣出，我等了將近 3 年，真的很久，若是其他投資人，中間可能早已經拋售了幾次。

我之所以對這間企業如此信任，是因為我對他們的股票有信心，相信日後電子材料也將持續發展，因此，我認為這檔股票將來會有更大的發展。

3. ilShinBioBase

最後，是冷凍櫃製造商 ilShinBioBase。這間公司的股票，我在 2008 年分批買進，從每股三百多韓元買到六百多韓元，是一支讓我又愛又恨的股票。

隨著我增加持股，成為大股東之後，追隨我的人也跟著買進，使股價上漲到每股 1,700 韓元，但是因為我申報了股份，所以沒辦法隨意賣出（按：臺灣證交法對於內部人持股申報轉讓規範，包括董事、監察人、經理人及持股超過 10% 的大股東，及其配偶、未成年子女等，若要賣出持股須事前申報）。

結果，之後股價又跌回 500 韓元，所以我抱了非常久，後來，在股價出現高點時賣掉一部分；然而，在 2015 年，股價上

漲至每股約 4,700 韓元，和我第一次買入時相比，股價上漲了 16 倍，超過平均價格的 10 倍以上，但誰都沒能抱著，就連我也一樣。

就像這樣，投資成長股難免會伴隨著痛苦，因為你必須等待，而且不知道要等多久，股票大跌也是常有的事。

沒有這種投資經驗的散戶，遇到股價下跌或大盤下跌時，都會感到非常悲痛，但是請相信，只要等待並堅持下去，就可以獲取相當可觀的報酬。不要忘記，最重要的是要好好選股，這才是投資時最關鍵的事情。

在熊市裡，我們要安撫自己不安的情緒。看到帳戶餘額的確很難不精神崩潰，因此，最好記住自己持有的股票數量，而不是金額。

除此之外，也要確認你投資的企業將來有什麼計畫，在調整投資組合、替換股票的時候，可以拿來參考，同時也要再次調整短期、中期和長期的比重，為股市回檔做準備，等待熊市結束後的反彈。

彼得‧林區曾說：「你之所以在熊市裡會不安，是因為你不學習，就把畢生積蓄都投資到一間一文不值的公司裡。」

我們一定要記得林區的訓誡，不要陷入恐慌之中。經濟危機到來時，投資人最不該做的事情，就是陷入恐慌；當別人都開始賣出的時候，剩自己還抱著，肯定會有人想跟著賣出，而這種行動就是恐慌者的典型反射動作。

不過，在市場恐慌的情況下，請不要立即行動，該賣股票的時機，是在市場下跌前，而不是市場下跌後。下跌的時候，反而

應該要深呼吸，靜靜的分析自己的投資組合。

　　同樣的，若現在你不持有這些好股票，等市場跌到谷底後，你還可能再次買進嗎？機會，取決於你怎麼行動，以及什麼時候行動。

 股市蟻神的重點課

　　投資成長股難免會令人痛苦，而且不知道要等待多久，還有可能大跌，但只要還抱持著自信，那份自信就會以相當驚人的成果回報。

Q & A 問問看，答答看！

Q：你能夠信任你選擇的股票，不受動搖，一直抱下去嗎？
Q：股票獲利後，你想用那筆錢做什麼？有什麼具體計畫？

8 財務自由的第一步，慢想

> 市場每天都在變化，股價一天內也會出現好幾次變動，看到股價變化，應該立刻改變自己的想法或判斷嗎？
>
> *如果要爬險峻的高山，剛開始時步伐必須緩慢。*
>
> —— 莎士比亞（William Shakespeare）

　　不論是在學習投資，還是在實際操作股票，投資人都必須有自己的風格，但是，很多人做不到這一點。不少散戶以為投資有既定的框架，還要求自己努力迎合，其實，股市並沒有既定的原則或答案，因此，各位對於方法是否正確，不必感到太過於苦惱，只要擁有自己的風格就行了。

　　投資這檔事，不用怕被別人評價，也就是說，只要自己在過程中盡了全力，並遵守自己的原則，那其他人就沒有說嘴的餘地。只要有自己的原則、相信自己正在做的事，並努力獲取成果，那就是成功的投資。

　　即使是下班和週末也不休息，有空就認真學習，用力將知識

內化，這份努力是不會背叛你的。在學習的過程中，你一定會認識很多間公司，也會對這些公司有自己的見解，你也很可能會發現，原來自己原本對很多企業都一知半解。

　　了解企業的順序，最好先從「明年的市場」開始，再以長期的觀點深入學習「在將來會取得巨大發展」的技術和產業。

　　在現今市場中，我們必須盡快掌握企業的技術性問題，好好檢視各個方面，不錯過任何一個環節；為了搶占未來焦點，必須看得比別人還快。

　　我自己會在某項技術成為市場焦點的前幾年，就開始關注並學習，雖然學習相關技術時，也能觀察到企業的股價動態，但在企業開始出現實際業績之前，我不會投資。

　　所謂搶占未來焦點，不是要你在某個話題剛出來的時候就進去卡位。距離出現營收，可能還需要很長一段時間，因此要密切觀察，等到技術多少成熟了，判斷在隔年左右就能用相關技術創造實際報酬時，才是適當的搶占時機。

　　因為我習慣看得很快，所以我會調整速度，稍微慢下來，大概理解這些焦點技術之後，就先忍著，直到適當的時機出現才集中關注。

　　不過，因為需要深度學習的領域很多，得察看的相關企業也不少，所以我也會錯過某些好股票或進場的時間點；每次發現自己錯過某間企業時，我就會感覺到自己的所學依然不足。

　　舉例來說，我在 2020 年錯過的股票中，感到最可惜的就是韓國戲劇製作公司 AStory。在 9 月初，AStory 的股價是八千多韓元，到年底時突破了 3 萬韓元。明明我已經研究過這間公司，

也和發言人通過兩次電話了，想著要馬上進場，卻還是一不小心就錯過時間點，害我很生自己的氣。

雖然大家稱我為超級螞蟻，但我也只是普通人，所以還是會像這樣不小心錯過時機。所以，為了搶得先機，我們要不斷的關注、記錄各種話題與相關企業，為了不要錯過，要經常寫下來，研究再研究，這是投資人最該培養的習慣。

2020 年新冠疫情席捲全球的時候，因為也沒有要見面的人，那段時間我經常只穿同樣的衣服，雖然偶爾也想穿上好看的衣服，但因為沒有特別要見的人，就每天都穿連帽上衣搭運動褲。

如果過度專注在自己喜歡的事情上，等到回過神時，指甲竟然長了 1 公分，只有我會這樣嗎？你應該也有過這種經驗吧？若專心在一件事情上，有時候會好幾天沒換衣服，有時候連時間是怎麼過去的都不知道，也會較不關注其他事情。但從另一方面看來，人生中若能有一件讓你專注的事情，這該有多麼令人開心！

投資人在研究企業的股價動向，以及企業所具備的技術及市場競爭力時，一定會思考怎麼學習投資知識會更有效率，不過，不管學什麼都需要時間，雖然你肯定會感到焦急，但這些東西絕對不可能一下就達成，因為累積知識這件事，誰都不能幫你完成。所以，你不用太焦急，還有充分的時間可以致富。

我會給新手投資人的建議，是學習「慢想」的精神。顧名思義，就是要你慢慢想，然後將思考的過程累積在腦海裡，變成本能性的動作。

在累積知識的過程中，你會認識各式各樣的產業和概念，而投資，就是去了解不懂的單字，以及驗證將來技術及前景都將變

好的產業；另外，找出受惠的行業或企業，也是散戶應該主動學習的技能，而在此過程中，我們都必須慢想。

很多人從學生時期以來，就深信過程不重要，只要猜對答案就行了，結果出了社會後，人生大半時間也過著無視過程、只重視結果的生活。但是，這樣的姿態在投資時行不通，忽視過程的話，你絕對得不到答案，若想要改變結果，就必須拋棄至今累積的壞習慣和錯誤心態，重新開始。

如果像是在偷看解答一樣，連企業的現況都不知道，就用外部資訊大概猜一下，不僅不會得到好結果，甚至只會停留在原點，因為你沒辦法內化任何知識。在確認企業、將其編入投資組合前，選股和編入的時間點等過程都會成為自己的實力，也會相對產生好的結果。因此，我們一定要非常重視選股的過程。

為了好好選股，我們就需要慢想。據說，在二戰後，匈牙利出現了不少有名的天才，其中有很多人都得到諾貝爾獎，至今為止，11 名中有 10 名在二戰後獲獎，而在這個過程中，匈牙利的教育發揮了很大的作用。

匈牙利的教育不把重點放在找出答案，反而重視解答的過程，並將評量的重點放在誰最有創意力上，學校甚至以創意性來排名，而非成績，這就是培養出天才的教育法。

我偶爾會被問：「你一出生下來就是天才嗎？你一開始就很會投資股票嗎？」絕對不是。我也曾經是一名平凡的散戶，是透過不斷的努力，才聽懂投資這門課。我不會著急，反而非常重視尋找績優股的過程。

對市場保持敏銳度，才能跟上世界變化

如果出現了與企業、技術或產業相關的新單字，或是任何值得矚目的焦點時，我都會努力去掌握與理解。我對於尋找市場和時代潮流的過程相當執著，也很注重細節，因為我想看得比別人更深，並看出別人看不見的東西，而當初付出的努力，現在已成了習慣。

另外，在深入學習的過程中，我覺得去確認自己的預測是否正確，也是一件很有趣的事情，所以我每次都會很愉快的專注於這件事上。

以前，我也曾在部落格上寫道，投資股票就像是在玩拼圖或解謎，還有，我非常喜歡懸疑小說，閱讀推理小說的同時，我會一邊尋找線索，一邊預測結局會是什麼，這樣的閱讀習慣，增強了我解決問題、蒐集線索的能力，對實際在投資操作時也有很大的幫助。

再來，我會深入了解，用比別人更多的時間，去看別人不看的東西。這種努力，造就了現在的我，使我獲得三個自由。只要投資知識逐漸累積到某個程度之後，從零開始學習的時間就會自然減少，經歷時間減少的過程，實力才會提升，唯有如此，才能累積真正的報酬，並用累積的報酬，再一次找出新標的。隨著這種循環持續，屬於自己的投資原則和實力，也會不斷提高。

如果從零開始，實力能在幾個月內就大幅進步，那該有多好？但是很抱歉，實力是慢慢增加的，一開始因為一點頭緒都沒有，搞不好還會偷偷作弊，但要記得，作弊之後一定要努力把知

識內化，要自己深究原因，也要尋找各種案例來複習。

　　我剛開始投資的時候，也和新手散戶沒什麼兩樣，懂的不多，連告訴我該如何計算估值的人都沒有，只好自己一邊苦惱、一邊學習，在歷經幾次失敗的過程中，努力找出解答。

　　要說我和其他人哪裡不同，應該就在於我還是初學者時，就抱著好奇心，努力深度理解每一件事。在得出答案之前，我都會不停的研究，幾乎不睡；為了解開答案，我一天看數十個、數百個相關企業。

　　就這樣一點一點的解題，我開始集中投資，報酬在一轉眼間增加，在 7 年內獲得上百億韓元的資產。各位一定也做得到，因為投資股票就是用複利滾錢，所以只要正確的投資，資產就能迅速的增加。

　　如果你是一名新手，那就更應該努力投資。雖然生活忙碌而疲憊，但越是厭倦工作、厭倦生活，越應該加倍努力，這樣才可以在投資中獲得最關鍵的成果——自由。

　　當今世界日新月異，2020 年，美國新聞報導，政府批准自動駕駛送貨服務，雖然我曾認為自動駕駛時代要等到 2023 年或 2024 年左右才會開始，但這比大眾的預測還快了足足 2 年，連專家們都沒有預測到，自動駕駛會這麼快就商用化。

　　自動駕駛技術的等級從 0 到 5，共有 6 個等級。目前世界技術大概在 2 級到 3 級之間，但如果要實現真正的自動駕駛，也就是第 5 級，專家認為應該還要很久，若技術達到 5 級，車輛就不再只是單純的移動工具，而會被重新定義為新的空間。

　　不過，最近看新聞才發現，原來我原本以為要很久才會出現

圖表 3-13　自動駕駛技術的等級

等級	功能	定義
0 級	手動駕駛	沒有自動駕駛功能的普通車輛。
1 級	輔助駕駛	具有車道偏離警報、自動剎車、自動調速等駕駛輔助功能。
2 級	部分自動駕駛	方向盤操作、加減速功能等整合性主動控制階段，需要駕駛人隨時監看。
3 級	條件自動駕駛	感測到交通號誌和道路流量的階段，可完成大部分的自動駕駛，遇突發狀況時轉換為手動。
4 級	高度自動駕駛	條件許可下可讓系統完全自駕，駕駛人不一定要介入操控。
5 級	完全自動駕駛	即使無人搭乘，也能移動的無人自動駕駛。

的第 5 級，竟然已經快要成形了。

世界變化的速度，比我們想像得還快，不僅是自動駕駛，一直以來我們期待的各種技術，都開始出現，所以明智的投資人只能更加勤奮，因為要學習的新術語和新技術太多了。但是，現在的投資人都變聰明了，懂得抱持勤於學習的態度。在這個時代，企業或投資人都不能安於現狀，要常對市場抱持敏銳度，早一步為未來做好準備。

只要一天也不停歇的學習下去，就會逐漸產生自信心，「原來我正在成長」的感覺，會成為你的動力；同時，我們也要保持謙卑，知道還有很多自己不懂的東西。

我之所以到現在還是一直努力、沒有休息的原因，也是為了保持謙卑，各位也不要自滿，只要保持自信、努力去做，就能夠

比任何投資人都更優秀。好好調整心態，讓自己不疾不徐的獲得投資成果，就證明你正在成為優秀的投資人。這樣走下去，一定會在某天迎來豐碩的報酬。

還有，請將那些過程詳細記錄下來，不要只在腦中記憶，而是仔細的寫在筆記本裡。只要不忘初衷，錢就會自動滾進來，只要相信自己的能力就行了，市場上依然存在著很多可能性。

 ## 股市蟻神的重點課

我們要懂得「慢想」，但要將思考過程不斷的累積在腦海裡，努力記憶下來。自己去挖掘未來焦點，藉由學習來增加自信，對自己正在做的事抱持信念吧！

Q&A　問問看，答答看！

Q：對於汽車的自動駕駛技術，你有什麼想法？如果自動駕駛技術持續發展下去，哪一種產業會特別受到矚目？世界會怎麼改變？

Q：諾貝爾獎得主很多的國家與沒有諾貝爾獎得主的國家，有什麼不同嗎？

Q：你認為學投資和在學校上課有什麼共同點？

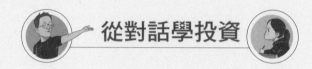

散戶都是用小錢滾錢，偏偏有人能滾出上百億元

今天的主題是什麼？

複利的力量！《投資心智》裡，介紹了各式各樣的基金。

我和利晏的投資方法是親自操作，但也有基金這種間接操作的方法，所以，如果自己還沒準備好投資，基金就是另一個可行方案，但是和投資股票一樣，基金也必須仔細審視。

嗯，但是書裡說，這樣的服務，不管自己是賺還是賠，都必須繳交 2%～3% 的手續費，所以等於就算有虧損，也要付手續費耶。

沒錯，支付手續費是理所當然的事，因為基金經理人也要賺錢。你想像看看，如果每次獲利都要繳交 2% 的手續費，會是多大一筆錢？

哇！

很大一筆錢吧？不過，沒有學習或沒有投資知識的人，的確應該委託專業人士幫忙投資，而且有錢人當中，也有人因為重視安全，而委託給這些經理人。

所以，這會根據各自情況而有所不同囉？書裡的爸爸問女兒：「如果想在自己希望的年齡退休，需要多少資金？」

這是一個很重要的問題，因為每個人都必須事先為退休生活作打算，想想看，如果你想住在江南，會需要多少資金？

很多？

當然要很多啊，不過，必須用具體的數字表示。你現在對金錢有概念嗎？你只知道要很多，是吧？需要多少錢，才能買下江南的公寓大廈？說個大概就好。

大概 10 億韓元？

10 億韓元可能連我們現在住的松島（按：位於韓國仁川廣域市）公寓都買不起哦！

那 30 億韓元？

沒錯，要有 30 億韓元，才能買得起一間江南的公寓，也有些大型公寓超過 100 坪。總之，在江南買一間價值 30 億韓元的家，加上每個月的生活費，至少要超過 300 萬韓元，退休後還得再活個 30 年……這樣算下來，就算有年金，想在江南過上舒適的生活，仍需要超過 10 億韓元的現金。

這一定不容易。

對，但是，沒必要非得住在江南，也可以住在江北，或是去其他城市居住，看每個人的喜好。如果要住在小城鎮，生活費加上房子費用，大概用不上 5 億韓元，所以，每個人為了退休須準備的目標金額都不同。儘管如此，還是要趁年輕時盡早準備，可惜的是大多數人無法做這樣的準備。

從現在開始就好了，不是嗎？

我有在 YouTube 上把方法告訴大家，但會不會去實踐，取決於各自的心態，而其中一個致富要素就是複利。

哦，這本書裡也在談論複利的力量。

複利是我從以前就一直提到的東西，每次上課也會講。比如，用 1,000 萬韓元滾錢，每年增加 25％，40 年後會變成多少錢？

752 億韓元。

你對於這是多大的一筆錢，應該還沒有概念吧？這是非常大的一筆錢。

嗯，我想應該是。

用 1,000 萬韓元滾錢，每年多 25％，過 40 年的話，就是 752 億韓元，但是有一個很重要的前提，就是完全不能失敗，所以，在選擇要投資的企業時必須很慎重。

就算是那樣，有可能不失敗嗎？40 年耶！

爸爸每天在課堂上都強調一件事，那就是把 40 年換成 40 支股票，這樣一來，用 1,000 萬韓元，分別在 40 間企業創造 25％ 報酬的話，就能滾成 752 億韓元了。利晏也已經有四、五支股票成功了吧？像那樣持續投資 40 次就行了！如果你的本金是 1 億韓元的話，那就會變成 7,520 億韓元。

哇！

只要投資 40 間就好，我現在已經超過 20 間了，你可以慢慢來，時間很充裕。40 年後，你大概是五十幾歲，那你在 50 歲出頭，肯定就是財閥了！再考你一次，複利最重要的前提是？

不要賠錢！

怎麼做才不會賠錢？

挑選好標的！

沒錯，要好好選擇標的，沒有什麼比這更重要了。我們要找到正在持續成長、擁有安全邊際、不會虧錢的企業，所以我才會每天為了尋找那些企業而忙碌，我很好學，會研究產業、拜訪企業、和發言人通電話；很多人都會說出「我沒有錢」這個藉口，但是哪有人一開始就用大錢投資的？大家都是用小錢滾錢，只要有心就行，就算只用 100 萬韓元，也能投資股票，並用那筆錢賺大錢。

這樣的話，只能努力學習囉？

當然！不只是投資股票，在任何領域都必須努力學習，還有，要相信自己會成功，那份信念就是成功的墊腳石。

Q&A 問問看，答答看！

Q：你打算如何準備投資股票的資金？

Q：每次複利 25%，持續投資 40 次，一共投資 40 年，你做得到嗎？

Q：如果你想提早退休，那就要投資，但除此之外，也需要繼續準備投資本金，你能夠說出你今後的計畫嗎？

後記

蟻神基礎功，是行走股市的輕功

　　讀完這本書，你覺得很困難嗎？還是心動了？這本書以我和女兒的學習課程為基礎，藉此告訴大家，在開始投資股票之前，最重要的心態和姿態有哪些，以及非常基礎的基本功。

　　對某些人來說，這也許過於簡單，但這裡談到了每個投資人都必須永遠了解的重要基礎。如果你缺乏經驗，或是完全沒有經驗，應該有很多不了解的地方，如果這次無法全部理解，那就再讀一次就行了，我建議你，不要將本書讀過一次就放著長灰塵，請把它放在床邊，反覆精讀直到理解為止。

　　活在世上的方式有很多種：可以快樂的生活，也能生活在痛苦之中；我們能和別人一起生活，也能孤獨的生活；可以過著傷害別人的生活，也能過著為社會帶來發展的生活。至於要如何選擇，則是每個人自己的事，但可以肯定的是，比起生活在後悔與不幸之中，過上有意義又幸福的生活肯定更好。不論金錢、權力和名譽，對所有人而言，這都是共同的真理。

　　想要有意義又幸福的生活，就要走向股票投資這條路。股票會帶領大家往三個自由走去，讓大家能享受財務、時間和關係自由，而那份幸福，不僅是對自己，對身邊的人而言，也會是一份有意義的禮物。希望各位在享受這三個自由的同時，也能為其他

人帶來更好的禮物。

我希望你在闔上本書時，因為對生活充滿熱情、對投資充滿渴望，你的心臟能撲通、撲通的快速跳動，眼睛也閃閃發亮。1 年後、5 年後、10 年後……希望你會越來越富裕，成為真正的富人，懂得盡情享受自由，還有能力回饋社會。

現在你已經邁出第一步了，今後要走的路很長，請各位好好磨練基本功，養成好習慣，然後反覆閱讀這 2 本書，認真學習。

用基礎篇和技術篇練好基礎，你就準備好開始投資了！在下一本書出來之前，請認真複習，並把內容好好內化！

超級螞蟻金政煥　　超級螞蟻金政煥
部落格　　　　　　YouTube

股票是一個健全理財的工具，
同時打造未來的重要對策。
你的人生，也能因這本書而出現轉折。

國家圖書館出版品預行編目（CIP）資料

股市蟻神的機智投資生活（散戶實戰技巧）：價值選股、看懂消息、籌碼和盤勢、算買賣價，從入門滾出 2 億身家的操作技術／金政煥，金利晏著；林倫仔譯 . -- 初版 . -- 臺北市：大是文化有限公司，2022.05

272 面；17 × 23 公分. --（Biz；394）

譯自：나의 첫 투자 수업 2 투자편

ISBN 978-626-7041-96-3（平裝）

1. CST：股票投資　2. CST：投資技術

563.53　　　　　　　　　　　　　　　　　111000039

Biz 394

股市蟻神的機智投資生活（散戶實戰技巧）

價值選股、看懂消息、籌碼和盤勢、算買賣價，
從入門滾出 2 億身家的操作技術

作　　　者／金政煥、金利晏
譯　　　者／林倫仔
責任編輯／李芊芊、黃凱琪
校對編輯／宋方儀
美術編輯／林彥君
副總編輯／顏惠君
總 編 輯／吳依瑋
發 行 人／徐仲秋
會計助理／李秀娟
會　　　計／許鳳雪
版權經理／郝麗珍
行銷企劃／徐千晴
業務助理／李秀蕙
業務專員／馬絮盈、留婉茹
業務經理／林裕安
總 經 理／陳絜吾

出 版 者／大是文化有限公司
　　　　　臺北市 100 衡陽路 7 號 8 樓
　　　　　編輯部電話：（02）23757911
　　　　　購書相關諮詢請洽：（02）23757911 分機 122
　　　　　24 小時讀者服務傳真：（02）23756999
　　　　　讀者服務E-mail：haom@ms28.hinet.net
郵政劃撥帳號／19983366　戶名／大是文化有限公司

法律顧問／永然聯合法律事務所
香港發行／豐達出版發行有限公司 Rich Publishing & Distribution Ltd
　　　　　地址：香港柴灣永泰道 70 號柴灣工業城第 2 期 1805 室
　　　　　　　　Unit 1805, Ph.2, Chai Wan Ind City, 70 Wing Tai Rd, Chai Wan, Hong Kong
　　　　　電話：21726513　傳真：21724355
　　　　　E-mail：cary@subseasy.com.hk

封面設計／林雯瑛
內頁排版／王信中
印　　　刷／鴻霖印刷傳媒股份有限公司

出版日期／2022 年 5 月初版
定　　　價／新臺幣 490 元（缺頁或裝訂錯誤的書，請寄回更換）
I S B N／978-626-7041-96-3
電子書ISBN／9786267123263（PDF）
　　　　　　9786267123270（EPUB）